두려움이 지나면
보이는 것들

33년간 재봉일을 하던 50세 아줌마의 해외시장 개척기

두려움이 지나면 보이는 것들

초판 1쇄 발행 2019년 3월 15일
초판 3쇄 발행 2019년 4월 8일

지은이 김분숙

발행인 백유미 조영석
발행처 (주)라온아시아
주소 서울시 서초구 효령로 34길 4, 프린스효령빌딩 5F

등록 2016년 7월 5일 제 2016-000141호
전화 070-7600-8230 **팩스** 070-4754-2473

값 13,000원
ISBN 979-11-89089-69-6 03320

라온북은 독자 여러분의 소중한 원고를 기다리고 있습니다. (raonbook@raonasia.co.kr)

두려움이 지나면
보이는 것들

33년간 재봉일들을 하던 50세 아줌마의 해외시장 개척기

김분숙 지음

RAON
BOOK

살다가 힘들면 놓고 싶을 때도 있지

나는 제2의 인생기에 접어든 50세의 나이에 내 노후를 위해 삶 전체를 바꾸는 일을 시작했고 2019년 우리 나이로 60이 되었는데 현재 연봉 3억을 받으며 새로운 삶을 살고 있다. 혹시 현재 힘들게 살아가고 있을지 모르는 당신에게 나는 내 삶을 통해 여러분도 나처럼 한 번뿐인 인생을 포기하지 말고 노력하여 원하는 모습으로 살아가라고 말하고 싶다.

나는 내 책을 펴들고 내가 말하고자 하는 메시지가 무엇인지 찾고자 하는 당신에게 묻고 싶다.

당신은 변하고 싶은가? 변하고 싶다면 결단하라. 인생의 공짜는 없다. 반드시 대가 지불이 따른다. 하물며 별다른 능력도 없는 이가 일과 삶의 균형을 이루며 살고자 한다면 지금의 자신으로부터 변하려고 노력할 준비가 있어야 한다.

나는 앞으로 쓰게 될 여러 내용들을 보면서 여러분이 나를 이해할 수 있도록 소개를 먼저 하련다.

나는 1960년 전라북도 전주에서 태어나 겨우 초등학교만 졸업했다. 그리고 17세부터 양장점에서 맞춤옷을 만드는 봉제 기술을 배웠고 33년을 봉제 일을 하며 살다 1986년부터는 집에서 혼자 옷 만드는 일을 하며 50세까지 살아왔다. 내 삶의 이력들이 너무 형편없어서 여러분은 내게 배울 게 없을지도 모르겠다. 그러나 내겐 강한 인내심과 끈기가 있고 난 그것으로 성공했다.

나는 현재 어느 누구의 지시도 없이 내가 원하는 대로 삶을 나에게 맞게 디자인하며 즐겁게 잘살고 있다. 돈과 시간의 구애도 받지 않고 말이다. 여러분은 정말 간절히 원하는 것을 얻은 기억이 있는가? 분명히 여러 번 있을 것이다. 어렸을 적 부모님께 떼를 써서 받아낸 인형이나 로봇 장난감 같은 것부터 시작해서 너무나 함께하고 싶은 이성 친구와 사귈 때 등등. 간절히 원하는 것은 수단과 방법을 가리지 않고 자기가 할 수 있는 모든 것을 함으로써 얻어진다.

그래서 잘 살려면 많이 배우기보다 잘 생각해야 하고 잘 생각했다면 잘 행동해야 한다. 그 생각과 행동이 나의 미래를 만들기 때문이다.

나 또한 생각해보면 내가 원하는 모양의 삶을 살아왔다. 내 분수에 맞게 딱 내가 정한 그만큼의 모습으로. 내가 젊었을 때에 내 생각이 지금처럼 확고하게 생각이 전부를 만든다고 알았더라면 나는 그렇게 젊은 날을 작은 방에 갇혀 미싱만 하면서 살지는 않았을 것이다.

그러나 그때는 누가 나에게 정확하게 '인생은 이렇게 만들어지는 것이야'라고 알려주는 사람도 없었고 어디에서 배우거나 책을 통해 알려는 노력조차, 아니 생각조차 하지 못했다.

그래서 나는 지금이라도 나처럼 새로운 삶을 살고자 하는 사람들에게 나의 경험들을 나누려고 한다.

초등학교 졸업식에서 상장 하나 받아본 기억조차 없는 나는 배운 사람들이 두려웠다. 무시당할까 봐 조심해야 했고 무시당하기 전에 내 학력을 떠들어대야 했다. 내가 먼저 나의 무식함을 까

놓고 나면 모르는 것도 용기 있게 물어볼 수 있었다. 나는 무식하니까 묻는 게 당연하다는 분위기를 만드는 것이다. 그것이 내 자존심을 지키는 거라고 생각했다.

내 무식함이 사람들에게 드러나지 않아도 되고 사람들 속에 어울려 살 필요도 없는 작은 방 한 칸에 미싱과 오버로크를 놓고 눈만 뜨면 침실과 작업실을 오가는, 다람쥐 쳇바퀴 돌아가는 삶을 버리고 나는 화장품과 건강식품 등 생필품을 인터넷 쇼핑몰을 통해 회원제로 파는 일에 뛰어들었다. 그렇게 나는 이 일을 통해 인생을 배웠다.

내가 책을 쓰는 이유는 지금껏 일하면서 봐왔던 사람들에게 느낀 안타까움을 덜어내고 싶었기 때문이다. 보편적으로는 내가 봐왔던 거의 모든 사람은 나보다 잘난 사람들이었다. 그러나 자신의 능력을 자신의 삶을 발전시키는 데 잘 활용하지 못하거나 시도조차 안 하는 사람들을 너무 많이 보아왔다.

물론 내가 큰 성공을 한 사람은 아니다. 그저 돈을 좀 버는 것뿐이다. 다만 적어도 자존감은 지키면서 아무렇게나 살 수 없다고 생각하며 살고는 있다. 그런데 그런 생각조차 없는 사람들을 너무 많이 봐왔다. 생각이 너무 편협돼 있는 사람, 이기적이거나 발전적인 생각을 못하는 사람, 자신의 현재 상황에 만족하지 않지만 벗어나고 싶어하지도 않는 사람⋯⋯. 도전하거나 적극적인 모습은 드물었다.

나는 여행을 좋아한다. 한비야 씨처럼 자유로운 여행자의 삶을 동경했다.

그런 나에게 애터미가 전 세계를 날아다닐 수 있는 날개가 되어주었다. 쉰 살에 찾아온 기회를 나는 놓칠 수 없었고 기회만 되면 어디든지 다녔다.

이런 나에게 수없이 사람들은 미쳤다고 했다. 50세가 되고 하나뿐인 아들이 고등학교에 들어갔는데 수험생 뒷바라지는 뒷전이고 내 노후를 준비한다고 집에서 일만 하던 내가 잘할 수도 없을 것 같은 영업을 하겠다고 나선 것도 미쳤다 했고, 수험생 아들을 혼자 알아서 밥 해먹고 청소하며 학교를 다니게 하는 것도 미쳤다 했고, 영어 한 마디 아니 알파벳조차 쓸 수 없는 내가 미국까지 개척하러 간 것도 미쳤다고 했다.

그렇게 나를 미쳤다고 했던 사람들이 지금은 나를 모두 부러 위한다. 그리고 전 세계를 내 맘대로 아무 때나 갈 수 있는 나를 복도 많다고 한다. 올해도 북미, 중미, 남미까지 거의 전 아메리카 대륙을 100여 일간 순수 여행을 하며 다녀왔다. 다녀와서 보니 정말 내가 축복받은 인생을 살고 있다는 생각을 하게 되었다.

복은 하늘이 내게 부어주도록 내가 만들어간다고 생각을 한다. 그것부터가 생각의 전환이다. 긍정적 사고를 가진 사람들이어야 큰 복을 가질 자격이 있는 것 같다. 나는 사람들이 나를 미쳤다고 수군거린 그 일의 경험들과 하나하나의 행동들을 여기에 구체적으로 소개하려 한다.

현재의 삶을 즐기며 균형 잡힌 삶을 살고 싶은 당신과 함께 마지막 장까지 함께하길 바라며 글을 쓸 것이다.

| 차례 |

1장 50세 한국 아줌마, 미국 시장을 개척하다

2장 막히면 돌아가고 낮은 곳에 머문다

50세 한국 아줌마, 미국 시장을 개척하다

이대로 한국에
돌아갈 순 없어

　　　　　　　　　　　　사람의 일생은 어쩌면 대체로
삼부작으로 나눠지지 않을까 싶다. 초년, 중년, 말년의 삶의 방향
성도 그럴 것 같다. 내 인생을 놓고 보면 난 지금이 내 삶의 가장
빛나는 시절이 될 거라 생각한다. 앞으로 경제적 시간적 자유는
더 많아질 거지만 지금 내가 일 속에서 만나는 많은 사람들과 엮
어가는 이 시간들의 소중함이 훗날 내 노년의 최고의 추억재산이
될 거라 믿기 때문이다.

　나는 내 나이 쉰 살에 애터미 사업을 시작한 지 딱 1년 만에 해
외지사 1호로 진출하게 된 미국에 애터미 성공자인 남동생을 따
라가게 되었다.

한 달 동안 미국 서부 시애틀에서 동부 뉴욕까지 다니는 동안 난 한국으로 돌아가지 않겠다는 결심을 했다. 미국에서 일하면서 미국에서 살고 싶었지만 포기했던 꿈이 샘처럼 솟아올랐다. 한 달 동안 미국에 있었으니 3개월 무비자 체류 기간이 두 달 남은 상태였다. 나는 그 3개월을 모두 채우고 돌아갈 결심이었다.

미국 현지에서 애터미 제품을 쓰고 사업을 하실 분들을 찾아 안내해주는 이곳저곳을 따라 이동하며 강의를 해주는 것이 미국에서 남동생의 여정이었다. 그 강의 투어에 내가 따라나선 것이다. 2010년 2월 미국 시애틀을 시작으로 캐나다 밴쿠버로 갔다가 다시 시애틀로 왔고 LA로 가서 샌프란시스코를 돌다가 달라스, 휴스턴, 애틀랜타까지 비행기로 이동해 가며 강의를 이어갔다. 작은 소도시들도 다녔지만 나는 당시에 미국이 처음이었기 때문에 작은 도시들은 지금 이름을 다 기억하지 못한다. 이후 애틀랜타에서부터는 작은 차를 하나 렌트했고 현지에 계신 분이 운전을 해주었다. 노스캐롤라이나, 워싱턴 DC, 필라델피아를 거쳐 뉴욕까지 장장 한 달 동안의 여정이었다. 미국의 서부, 중부, 동부를 쭉 돌게 된 셈이다.

어릴 적 나의 꿈은 미국에 가서 사는 것이었다. 미국은 '꿈의 나라'라는 아메리칸 드림의 환상을 품고 있었는지도 모르겠다. 미국 유학이 어릴 적 꿈이었다는 사람도 있지만, 나는 배움이 짧아서 일하고 생활하면서 미국에 살고 싶다는 생각을 품곤 했다. 언젠가는 미국 이민을 위한 자격 요건을 알아본 적이 있는데, 영어를 못하는 것부터 시작해서 경제적인 부분까지 나는 해당하는 것이 없었다. 누군가 미국에서 나를 초대해서 갈 수 있는 상황도 기대할 일은 없어서 그저 꿈으로만 있었을 뿐이다.

2010년 당시 나는 1년 동안 애터미 사업을 해왔지만 이렇다 할 수당은 거의 못 받고 있는 초보 사업자였다. 2010년 애터미 미국 법인이 설립되면서 첫 해외시장 진출이 이루어졌다. 회사의 첫 해외 진출이라 제품이 좋아서 쓰는 소비자들은 많았지만 사업자로 리더로서의 역할을 해줄 수 있는 사람이 현지에는 없는 상태였기 때문에 당시 김대현 미국 지사장님은 동생에게 여행을 겸해서 미국의 이곳저곳을 함께 다녀줄 것을 요청한 것이었다. 그때 나는 동생과 달리 강의 투어에 동행할 만한 직급도 아니었지만, "나도 미국 구경을 하고 싶으니 동행하게 해달라"고 동생에게 떼를 쓰다시피 해서 미국 길에 함께 올랐다.

그렇게 가게 된 시애틀에서 사업을 하겠다는 분이 몇 분 나오셨는데, 자신들은 사업 설명을 잘 하지 못하니까 남동생에게 사업 설명회를 해달라는 요청이 들어왔다. 한 부부가 도시마다 동생이 도착하는 것보다 일주일 먼저 가서 한국인들을 모아놓고 세미나 시간을 정해놓으면, 그 장소로 옮겨가서 강의를 했다. 나는 그 뒤를 따라다니면서 제품에 대해 궁금해하는 사람들에게 제품을 써보게하면서 체험을 도와주는 일을 했다. 뉴욕은 강의 일정의 최종 목적지였고 그곳에서 동생은 한국으로 돌아오는 일정이었다.

한국에서 1년 동안 일을 했지만, 나는 대체로 어렵게 용기 내서 네트워크 사업에 대한 이야기를 꺼내는 상황이었다. 그때만 해도 애터미가 많이 알려지지 않았고, 제품이 좋다면서 쓰다가도 회원 가입을 하고 제품을 쓰라고 하면 "이거 다단계야? 그럼 나 안 쓸래" 하는 분위기였다. 스스로 받는 상처가 많았고 일하기도 힘들었다.

그런데 미국은 네트워크 마케팅에 대해 생각들이 많이 열려 있고 부업으로 하고 있는 사람들도 많았다. 네트워크 사업 한 가지쯤 하고 있지 않으면 미래가 불안하다는 생각을 하는 분위기도 있었다. 게다가 "뭐야? 네트워크 마케팅인데 가입비도 없고 유지비도 없어? 그냥 이렇게 프리하게 할 수 있단 말이야? 진짜예요?"라는 반응이 대부분이었다. "그러면 얼른 가입해야지"라는 사람들을 강의 투어 내내 계속 보았으니 나에게 미국은 신천지 같은 곳이었다. 그런 분위기를 보고도 한국으로 그냥 돌아갈 수는 없었다.

시애틀에서 뉴욕까지 오면서 봤던 그분들은 나와 다른 라인에서 일하거나 제품을 쓸 사람들이지 내 사람이 될 수 있는 분들은 아니었다. 그렇지만 그들을 도우면서 따라다니는 동안 나는 내 방향을 정할 수 있었다.

나는 미국에서 일하면서 살고 싶다는 꿈이 있었고, 어차피 하는 일이라면 좀 더 긍정적으로 즐겁게 받아들일 수 있는 곳, 소비자를 쉽게 만들어갈 수 있는 곳에서 일하자는 생각이었다. 내가 정말 그렇게 가보고 싶었던 미국 전역을 돌아다녀 보자는 결심을 했다. 그 후로 2010년 한 해 동안 나는 1년간 4번의 입출국을 반복하면서 미국에서 일을 했다.

한국어 간판을 찾아라

애터미는 인터넷 쇼핑몰에 회원 등록을 해놓고 자신이 필요한 좋은 제품들을 싸게 사는 소비자중심의 쇼핑몰이지만 제품이 좋아서 쓰다가 소개가 이루어지고 소비자 매출 포인트가 수당으로까지 연결될 수 있기 때문에 열심히 그런 소비자를 만들어 가다 보면 점점 소비자가 늘고 수당이 많아지면 사업자가 될 수있다.

그런 설명을 하고 다니다 강의 투어 마지막 지역이었던 뉴욕에서 동생이 한국으로 돌아가고, 미국에서 개척 세일즈를 하기로 결심한 나는 허드슨 강을 사이에 두고 뉴욕 바로 옆에 붙어 있는 뉴저지에 숙소를 잡았다. 그때 내가 한 일은 한글 간판이 걸려 있는 곳마다 들어가서 애터미 제품을 소개하는 것이었다. 영어를 할 줄 모르는 내가 미국 현지인들에게 제품 소개를 할 수 있었을 리는 만무하다. 나는 내가 할 수 있는 일을 찾은 것이다.

뉴저지에는 팰리사이드 파크라는 한인타운이 있다. 그곳은 거의 한국이라고 해도 좋을 만큼 한국인들이 여러 가지 사업을 하는 동네가 형성되어 있는 곳이다. 작은 곳이지만 한글 간판들이 걸린 곳이 많아서 매일 그 동네를 돌면서 애터미 제품을 구매할 소비자를 찾았다. 한국에서는 아는 지인에게 말을 꺼내기가 어려웠던 반면, 이곳에서는 오히려 모르는 사람들이었기 때문에 용기를 내기가 더 쉬웠던 것 같다.

나는 당시에 제품을 가지고 있는 것도 아니었다. 강의 투어 일정을 따라왔다가 혼자 남은 것이었기 때문에 제품 소개를 하면서 보여줄 샘플도 갖고 있지 않았다. 한글 간판이 걸린 가게만 쫓아다니면서 제품 소개를 하는 동안, 한국에서 제품을 보내도록 택배를 시켰고 팸플릿을 가지고 돌아다녔다.

"한국에서 개발한 우수한 제품이 들어오는데 가격이 무척 저렴합니다. 체험 좀 해보세요. 일주일 써보시고 좋으면 계속 쓰시고 맘에 안 드시면 돌려주세요."

내가 너무 간절해 보였는지 제품이 정말 써보고 싶었는지 모르지만 "그러면 제품 한번 가져와 보세요"라고 했던 사람들에게는 가게 이름, 구매자 이름, 전화번호를 받아가 지고 돌아왔다. 생소한 곳인데다가 내가 기억력이 좋은 사람도 아니었지만, 이름을 적어왔다가 나중에 제품이 전달되지 못한 경우는 없었다. 그곳은 그리 큰 지역이 아니었기 때문에 전화번호와 상호만 있으면 한국 사람들끼리는 그곳이 어딘지 충분히 알려줄 수 있을 정도여서 나중에도 다 찾아갈 수 있었다.

나는 일주일 후에 다시 찾아가서 "어떠셨어요" 하고 물어보며 반응을 확인하곤 했는데, 크지 않은 동네였기 때문에 사실은 일주일이 되기 전에도 찾아가서 다시 얼굴을 익히고 마음을 나누려고 노력했다. 그때 제품을 써본 사람들은 10명이면 10명이 모두 회원 가입을 하는 것은 물론이고 추가 주문까지 하는 일이 늘어가면서 나는 여기서 기필코 성공해야지 다짐을 하곤 했다.

최소한의 비용으로
버텨야 한다

시애틀에서 뉴욕까지 남동생의
강의 투어를 따라다니다가 결국 내가 한국으로 돌아가지 않고 미
국에 남겠다고 결심한 것을 처음에는 동생이 모르고 있었다. 그때
당시에는 내 나름대로 믿는 구석이 있었는데, 어릴 적 이후 오랫
동안 연락이 끊겨 있었던 외사촌오빠의 연락처를 미국으로 출발
하기 전 받아놓았던 것이다. 어릴 적에 외가집에 갈 때마다 같이
놀았던 동갑내기 외사촌오빠였다.

처음 미국 시애틀에 도착해서 오빠에게 전화를 했을 때는 "뉴
욕에 오면 보자"는 말을 주고받았다. 그런데 뉴욕에서 세미나를
하는 날 오기로 했던 오빠가 오지 않아 전화를 했더니 잠결에 받

는 목소리로 "지금은 자야 되니까 못 간다"는 응답을 했다. 동생은 이 외사촌오빠를 만날 생각으로 강의 일정이 끝난 후에도 뉴욕에서 2박 3일 호텔을 예약해 두고 있는 상태였는데, 만나지 못하게 되자 호텔 예약도 모두 취소해 버렸다. 동생의 생각으로는 우리를 보러 오겠다던 오빠가 안 온 이유는 예전처럼 잘살던 모습이 아니어서 "우리에게 모습을 보여주고 싶지 않은 것 같다"는 것이었다. "그런 사람을 굳이 보려고 하는 것은 형에 대한 예의가 아닌 것 같다. 형이 원할 때 보자"는 것이 동생의 생각이었다. 그렇게 동생은 호텔 예약을 취소하고 곧장 한국으로 돌아가려고 했다. 그때 내가 갑자기 한국으로 돌아가지 않고 이곳에 남겠다고 선언해 버린 것이다.

동생 입장에서는 갑작스러운 상황이 발생한 것이었다. 미국 전역을 도는 동안 나는 이곳에서 사업하겠다는 결심을 굳혔지만 속내를 보이지는 않았다. 내 생각을 알고 있을 리 없었던 동생은 적잖이 당황했을 것이다. 미국에 한번 온다는 것 자체가 쉽지 않은 일이고 이곳에서 승부를 걸겠다는 생각이었다. 외사촌오빠를 만나면 얘기를 좀 해보고 상의하면서 이곳에 남아도 될 상황을 만들어가려고 했던 것이기 때문에 처음부터 동생에게 말하지는 않았던 것이다. 마지막 강의를 끝내고 2박 3일의 개인 일정 없이 갑자기 한국으로 돌아가는 결정이 나자, 급박해진 나는 차에 실려진

여행가방 내리면서 귀국하지 않겠다고 했다.

　동생은 뉴욕 세미나를 들으러 왔던 한 교민에게 나를 부탁했다. 뉴저지에 사는 분이었는데 뉴욕에서 허드슨 강만 건너면 뉴저지이기 때문에 거리는 멀지 않았다. 40분~1시간이면 그분 집에 도착하는데 "가는 길에 누나를 아무 호텔이나 내려놔 달라"는 것이 동생의 부탁이었다. 생전 처음 본 사람이었지만 대안이 없었다.

모든 성공에는 대가가 있다

　처음에 그분들이 나를 태우고 가려고 했던 곳은 힐튼 호텔이었다. 내가 영어를 못하고 그 호텔에 가보진 않았지만 '힐튼 호텔'이라면 얼마나 비쌀지 예상은 할 수 있었다. 나는 이렇게 부탁했다. "나 혼자 있으면서 그런 돈을 쓸 수는 없습니다. 저는 현재 돈을 못 버는 상태입니다. 앞으로 만들어가야 하는 상황이기 때문에 제일 싼 호텔에 하루이틀만 묵게 해주고 잠만 잘 수 있어도 되니까 민박이나 하숙집을 구해주세요. 부탁합니다."

　동생은 강의 중에 한 달에 5천만 원씩 버는 직급자라는 것을 이야기했기 때문에, 그분들은 누나인 나도 같은 생활을 할 것이라 생각했던 것 같다. 아니면 누나는 최고 직급자가 아니지만 가족이기 때문에 뉴욕에 머무는 동안 경비를 대줄 것이라고 생각했을지도 모르겠다. 실제로 동생은 영어 한마디 못하는 누나가 불안했던지 카드를 주고 가긴 했지만 난 그걸 쓸 수 없었다. 그 카드로는 해외 미국지사 내 산하에서 1호 센터가 나왔을 때 빔 프로젝트 1대 사준 것과 파트너들 식사 대접 하는데 몇 번 쓴 후로 쓰지 않았다. 동생이 사업 실패를 거듭하며 정말 어렵게 살다가 이제야 겨우 살 만한데 내가 기댈 수는 없었다. 또 내 자존심이 남에게 손 벌리는 성격도 아니었다. 내가 가지고 있는 경비 안에서 최대한 아껴 써야 했고 경비를 아끼기 위해 밥도 제대로 사먹지 않고 다니면서 서러운 고생들을 하기도 했다.

뉴저지로 가는 차 안에서 내가 호텔이 아니라 민박집을 찾자 운전을 하던 분은 자신의 집에는 빈방이 없다고 했고, 두 분이 나를 놓고 고민들을 하더니 동행했던 다른 한 분이 옷방으로 쓰는 곳이 있는데 거기라도 괜찮으면 방을 내주겠다고 말해주었다. 덕분에 안전하게 미국에 있게 되었다.

함께하는 사람을 성공시켜야 한다

다음날 외사촌오빠는 내가 한국으로 안 돌아가고 혼자 남았다는 걸 알고 나를 찾아왔다. 내가 혼자 남게 된 자초지종을 듣고난 오빠는 그럼 우리집으로 가자 하며 나를 오빠 집으로 데려갔다. 오빠가 콜택시 일을 하고 있었고 언니는 네일숍에 재료를 납품하는 영업사원 일을 하고 있었는데, 2년간 열심히 하면 영주권 발급을 해 준다는 조건으로 그 회사와 계약을 하고 영업을 하기 때문에 만약 애터미를 다른 사람에게 소개하면 또 다른 영업이 되어 영주권을 받을 수 없기 때문에 전혀 나를 도와줄 수 없다고 했다.

오빠는 아침마다 콜택시 일을 하러 가는 길에 나를 한인타운에 내려주고 갔다. 그곳에서 팰리사이드 파크까지 먼 거리는 아니었지만 내가 혼자 걸어서 찾아갈 수가 없었기 때문에 오빠가 다시 데리러 올 때까지 나는 한인타운 거리를 헤매고 다녔다.

내가 이처럼 미국에서 꼭 성공해야 한다는 절박한 심정이었던 데에는 사실 이유가 있었다. 내 성공보다는 더 절박하게 성공시켜야 하는 사업자 파트너 부부가 있었기 때문이다.

이들 부부를 처음 만났던 곳은 산악회였는데, 당시 나는 남동생의 잇따른 사업 실패로 인해 엄마가 가진 논밭이 경매로 넘어가고 다른 형제들과 대출을 받아 뒤처리를 해주느라 아들의 적금통장까지 깰 정도로 힘들었던 때였다. 내가 버는 거의 모든 수입은 마이너스통장으로 들어가고 나를 위해 쓸 돈이 1만 원도 없을 정도로 힘들어지니까 우울증이 왔다. 먹는 걸 그렇게 좋아하는 내가 살이 13킬로그램이 빠져버릴 정도면 엄청 힘들었다는 얘기다. 힘든 마음을 벗어나기 위해 내가 찾았던 돌파구가 바로 산악회였다.

처음에 나는 그들과 좀처럼 어울리지 못했다. 원래부터 잘사는 집에서 태어나 잘살아 왔던 이들 부부는 프라이드도 강하고 성격도 강한 편이었다. 가족들이 모두 호주에 가 있어서 한국에 들를 때마다 사다 주는 명품만 쓰고 친척 오빠가 명품 화장품 회사에 있어서 제품을 보내주면 백화점 가격보다 싸게 산악회 사람들에게 파는 것을 보았는데, 화장품조차 제대로 사서 쓰지 않고 살던 나는 혹시라도 하나 사라고 할까 봐 함께하기도 어려웠다.

이후에 애터미 사업을 만난 후 명품보다 좋고 대중적인 가격을 추구하는 애터미 제품들을 가장 먼저 소개하고 싶었지만 용기를 내지 못했고, 실제 연락하기까지는 10개월이 걸렸다. 부부 중 아내에게 화장품, 치약, 샴푸 세트를 주면서 "써보고 좋으면 나와 사업하고, 그렇지 않으면 쓰던 거 모두 돌려주세요" 했는데 자기가 쓰던 명품보다 좋았다며 세미나를 권하자 절대 오지 않을 줄 알았던 언니가 원데이 세미나에 참석했다.

두 번째 원데이 세미나를 갈 때는 남편이 "이놈의 다단계 회사 때려 엎겠다"며 쫓아왔는데, 들어보더니 괜찮다 싶었는지 1박 2일 일정의 속리산 석세스 아카데미까지 와보고 자신의 부동산 사무실을 바로 애터미 센터로 만들었다.

제품을 소개하고 사업을 하겠다는 파트너가 나타났을 때는 어떻게 그가 사업 활동을 유지할지 함께 고민하면서 하나의 팀이 되는 것이 우리 사업의 비결이다. 그런데 난 이분들이 오픈할 때 함께 있어주지 못했다. 미국지사 오픈 전 사전준비를 위해 미국상황을 보러 회장님과 몇 분의 직급자들이 갔을 때 나도 억지로 따라갔는데 일정이 같았기 때문이다. 먼저 잡혀 있는 어쩔 수 없는 일정 때문이었지만 나는 함께해주는 스폰서들 없이 초보인 그분들이 알아서 하게 한 것에 대한 책임감을 느꼈고 너무 미안했다.

이후로 나는 부평 센터로 3개월간 특별한 일이 없으면 하루도 빠지지 않고 매일 출근해서 현장 개척을 함께했다. 방문판매로 제품 소개를 다닌 것이다. 제품을 들고 다니면서 롯데백화점 일대의 가게들로 개척 영업을 다녔다. 별다른 성과 없이 누군가와 함께한다는 것이 마음으로 너무 힘들어서 거의 매일 울면서 왔다갔다 했는데, 11월부터 2월 중순까지 한겨울 추운 날을 그렇게 보냈다.

그렇게 보내다 오게 된 미국

생판 모르는 곳에서 모르는 사람들에게 제품을 팔기란 쉽지 않았다. 그래서 애터미의 가장 큰 자랑거리인 써보고 만족하지 않으면 얼마든지 쓰고 불만이 있으면 100% 환불해주는 제도를 활용해 체험을 해보라고 권하며 다녔다.

아무리 좋은 제품을 거저 써보라고 권하는 것, 그렇게 하는 것에도 용기가 필요하다.

다행히 한국에서 1년간 세미나에 빠지지 않고 교육을 다니고 가게 문을 열고 남의 영업장에 들어갈 때면 홍시감처럼 벌개진 얼굴로 심호흡을 하면서 그렇게 심장이 쿵쾅거리는 경험으로 일을 해봤기 때문에 미국에서도 용기를 낼 수 있었다.

지금도 난 생각한다. 내가 만약 남에게만 의존하고 스스로 생판 모르는 사람들을 가게 가게 찾아다니면서 개척해본 경험이 없었다면 나 혼자 미국에 떨어져 개척할 수 있었을까?

내 성격상 절대 못했을 것이다. 그러나 그렇게 하지 않으면 나는 성공할 수 없을 것이고 내 노후도 비참하기 그지없을 것이다. 그러나 이러다 아들 대학도 못 보낼지 모른다는 생각 때문에 두려움을 참고 용기를 내야만 했다.

두려움은 마음먹기 따라서 얼마든지 극복되는 것임을 그때 알았다. 또 두려움을 한 번 두 번 견디고 넘어서다 보면 즐길 수까지 있게 된다. 내가 애터미를 통해 얻은 인생의 가장 값진 체험이다. 이 체험이 소극적이고 용기없던 나를 자신감 있는 사람으로 바꿔 놓았으니까 말이다.

제품도 없이 팜플렛 한 장들고 "앞으로 이런 제품을 파는 애터미라는 회사가 들어와 곧 오픈을 합니다. 미국에서 인터넷 쇼핑몰을 통해 무료로 회원가입을 하고 본인이 직접 애터미 회사에서 사서 쓰실 수 있도록 되어 있으니 쓰고 계신 제품과 비교해서 체험해 보세요"라고 말하며 돌아다녔다. 어디 사는 누군지도 모르는 나를 얼굴 보고 사줬을 리는 없다. 그런데도 제품을 써보신 분들은 모두 회원가입을 하셨고 추가 주문들을 하셨다. 그때의 연습이 없었다면 절대 불가능했을 것이다.

　　솔직히 그때 현장에서 적극적으로 해보지 않았다면 1년이 아니라 10년이 지나도 초짜를 면할 수 없었을 것이다. 미국으로 가기 전, 나는 세미나는 꼬박꼬박 참석했지만 적극적으로 사업을 권하며 다니는 현장 경험이 그때의 3개월 경험 외에는 변변히 없었다. 말도 제대로 꺼내지 못하니까 결과도 좋지 않았고 부평에서 제품을 들고 가게 문 열고 들어가려면 벌써 얼굴이 빨개져 가지고 심장 뛰는 소리가 쿵쾅쿵쾅 들리곤 했다. '나는 왜 설명을 그렇게밖에 못할까? 네트워크 사업한 지 1년이나 됐으면서 왜 잘하는 게 없을까?' 나는 스스로를 원망했고 마음은 너무 힘들었다.

　　사실을 밝히자면 부평에서의 개척 영업은 큰 성과를 거두지는 못했다. 그렇지만 그때의 경험이 없었다면 미국 시장 개척은 불가능했을지도 모른다. 부평에서 나는 미국 시장 개척을 위한 연습을 한 셈이다. 사람들은 나에게 말한다. "대단하세요. 어떻게 미국까지 가서 영업할 생각을 하셨어요? 언어도 안 통했다면서 그걸 어떻게 견디고 만들어가신 거예요?" 나는 어디 가서 '글로벌 리더'라고 소개를 받고 강의를 하게 되면 이때의 연습을 꼭 이야기한다.

일이란 대가 지불을 어떻게 하느냐에 따라 장기적으로 결과가 달라진다. 나는 동생의 강의 투어 후 미국에서 다시 한국으로 돌아오면 또 성과 없이 부평을 그렇게 개척 영업을 하러 돌아다녀야 할 상황이었다. 한국에서는 마지못해 하나 사주고 "다단계 무서워서 안 할래요" 하는 사람들을 봐야 했던 상황인데, "아니, 이렇게 좋은데 가입비도 유지비도 없어요? 진짜예요?" 라고 하는 미국에서 내 성공을 꿈꾸게 되었다.

또 아무리 돕고 싶어도 도울 수 없었던 나를 믿고 애터미를 사업으로 시작해준 그분들에게 도움이 되고 싶었다. 그분들도 열심히 호주에 제품을 보내면서 가족들에게 써보게 하고 소개를 권하면서 한국시장과 호주 시장을 열어갔다. 그리고 그분들도 열심히 하셔서 지금은 리더스클럽 멤버로 성공해 있다.

그레이하운드 버스에
올라탄 무모한 한국인

'불광불급(不狂不及), 미쳐야 미친
다'고 했다. 나는 50대에 들어서기 전까지 이런 교육을 받아본 기
억이 거의 없다. 그런데 세미나를 열심히 들으면서 이 말만은 정
확히 이해했고 정말 미쳐서 일해보고 싶었다. 그러나 미치고 싶은
나는 정신이 너무 말짱해서 사람들만 만나면 주눅이 들었다. 내가
미쳐 있어야 사람들을 만나도 두근대는 가슴과 벌개지는 얼굴은
면할 텐데, 1년간 무수히 노력했어도 조금 나아졌을 뿐 큰 변화는
없었다.

그런데 뉴욕과 뉴저지를 오가면서는 누구든지 만날 사람만 있
으면 거기가 어딘지 개의치 않고 쫓아다녔다. 성과가 나기 시작

하자 나는 점점 열정적으로 변해 갔고 그런 나를 보면서 같은 일을 하던 사람이 나를 경쟁상대로 여기기 시작했다. 그리고 한국으로 돌아가라고 협박을 했다. '귀국하지 않으면 죽어서 돌아갈 수도 있다' '밤거리 뒤통수를 조심해라'……. 회사에도 내가 불법적인 일을 한다고 수없이 메일과 전화로 민원을 넣었고 내게도 전화기를 켜놓을 수 없을 만큼 협박전화를 해댔다. 사람들은 그를 고소하라고 했다.

나는 미친 사람을 상대하면 그를 상대하는 사람도 미친 사람이라고 생각했기 때문에 상대하기 싫었다. 그도 미쳐 있었고 나도 미쳐 있었다. 다만 미치는 방향이 다를 뿐이었다. 나는 신념을 가지고 서로의 성공을 위해 사람을 만들어가는 일에 미쳐 있었다. 그런 협박에도 굴하지 않고 미국을 떠나지 않고 일하는 걸 보면서 나를 도와주겠다는 분도 생겼다.

미국에서 미국 못 갈까

뉴저지에서 한국 간판이 걸린 곳은 무조건 들어가서 개척 영업을 하고 다닐 때였다.

어느 건강식품 총판에 들렀을 때였는데, 사장님께서 심장수술을 하시고 보조기를 끼고 사신다고 했다. 나는 들고 다니던 헤모힘을 선물로 드릴 테니 "드시고 효과가 있으면 다른 분을 소개해 주세요"라고 하면서 프로폴리스 치약과 칫솔과 함께 드렸다. 이 분은 입안이 늘 헐어 있어서 음식을 먹는 것도 괴로워하던 분인데, 몇 주 후에 애틀랜타에 있는 지인을 소개해 주겠다며 그곳까지 갈 수 있겠냐고 했다. 나는 도시 사이의 거리를 잘 모르다 보니까 '미국에서 미국 못 갈까' 생각해서 애틀랜타까지 가겠다고 했다. 만약 아무리 멀다 하더라도 '사업을 위해 한국에서 미국도 왔는데 다른 도시는 왜 못 가' 하고 생각했을 것이다.

그 후로는 더 이상 겁낼 것이 없었다

지금도 나는 여러 나라 여러 도시를 이곳저곳 다니지만 지도상으로 어느 위치에 있는지 잘 모르고 다닌다. 검색도 잘 안 하고 목적지를 들어도 '비행기표 끊어서 가면 되고, 보고 오면 되지 뭐. 남쪽이면 어떻고 북쪽이면 어때'라고 따지지 않는 경향이 있다.

뉴저지에서 애틀랜타에 있는 지인을 소개해준 건강식품 총판 사장님은 "내가 애틀랜타에 도착했다는 이야기를 들으면 그때 소개하는 사람의 전화번호를 주겠다"고 했다. 말해놨는데 간다고 하고 못 가거나 약속을 안 지키면 자기 신용이 떨어지니까 미리 연락처를 주지 않겠다는 것이다.

"알겠습니다. 그렇게 하겠습니다" 하며 비행기표를 알아봤더니 평상시에는 뉴욕에서 애틀랜타까지 200~300달러 정도 한다고 하는데 2~3일 전에 끊으려고 하는 탓에 500달러가 넘었다. 그때만 해도 환율이 1,350원 정도 할 때인데 60만 원이 훨씬 넘어가는 비용을 쓰려고 하니까 부담이 돼서 버스를 알아보았다. 그레이하운드라는 흑인들이 주로 타는 버스가 100달러 정도 했다. 도착 시간을 보니까 오전 11시쯤 출발해서 다음 날 아침 9시쯤이었다. 장장 22시간을 버스로 가는 것인데 나중에 안 사실로는 가는 도중에 흑인들이 주로 사는 곳마다 모두 들러서 가기 때문에 오래 걸리는 것이었다. 그러다 보니까 구경은 참 잘 했지만 어느 도시에선가 휴게실에서 화장실에 들렀다가 그만 차를 놓치고 말았다. 놓친 이유는 그 휴게실 정거장에서 차 청소도 하고 기사도 바뀌고 하느라 1시간 이상 정차하면서 내려준 곳이 아닌 다른 곳에서 승차를 했기 때문이다. 고속버스 휴게소 정류장에서의 시스템이 내려준 곳에서 곧바로 출발하는 한국과는 전혀 달랐다.

화장실 가려고 내렸던 자리와 똑같은 곳에서 버스가 출발할 것이라고 철썩 같이 믿고 있었던 나는 한참을 기다리다가 뭔가 잘못됐음을 느끼며 그제서야 여러 개의 종이가 줄줄이 붙어 있는 티켓을 핸드백에서 꺼내 들었다. 티켓 끊는 것을 도와줬던 다른 사업자가 버스에 태우면서 잘 보관하라던 그것을 나는 영어를 모르는 탓에 볼 엄두가 안 나서 간직하고만 있었는데, 다급해진 나는 티켓에서 유일하게 알아볼 수 있는 숫자들을 뚫어지게 쳐다보다가 출발 시각이 기재되어 있음을 깨달았다. 그리고 보니 반복해서 나오던 안내방송은 탑승하지 않은 나에게 탑승하라고 알리는 방송이었던 모양이다. 버스는 이미 나의 가방을 싣고 출발한 상태였고, 지인에게 도움을 구하는 전화를 하려고 휴대폰을 꺼내 들었는데 현지에서 마련해서 내가 쓰고 있던 매월 충전식 메트로폰은 큰 도시가 아니면 다른 지역에서는 쓸 수 없다는 사실도 나중에서야 알았다.

나는 티켓을 들고 매표 창구로 갔다. 무조건 티켓을 들이밀자 그들은 손짓으로 버스가 떠났음을 알렸고 나는 한국에서 쓰던 폰에 저장된 여행용 영어를 찾아서 보여주었다. 아들이 혹시나 싶어 저장해 준 것이었다. "전화기를 빌려주실 수 있으십니까?" 매표 창구의 흑인 직원은 내 눈빛과 몸짓이 안타까워 보였는지 전화기를 줬다(보통 때는 낯선 이를 경계하는 분위기였다). 도와줄 수 있는 한국인이 수화기를 통해 통역을 해줘서, 차가 떠났으니 다음 차를 타고 가면 되고, 내 여행가방은 2시간쯤 후 애틀랜타에 도착하면 있을 거라는 말을 겨우 들었다.

그런데 2시간쯤 지나고 도착한 곳은 애틀랜타가 아니었다. 솔직히 나는 아직도 그곳이 어딘지 모른다. 영어가 완전하지 않은 한국인 몇 명이 번갈아가면서 통역을 해주다 보니 잘못 전달된 것 같았다. 거기서 나는 또 매표 창구로 가 티켓을 내보이며 내 검정색 여행가방을 달라고 했다. 지금도 영어 한마디 못하는 나는 당연히 한국말과 손짓 몸짓으로 떠들어댔고, 서로 무슨 말을 하는지 알아듣지 못했다. 어찌 됐든 다행인 것은 내 티켓을 통해 미리 연락들이 되어 있었는지 그다음 차가 떠나기 직전 흑인 남자가 내 가방을 가져왔다는 것이다. 자꾸만 "텍스, 텍스(tax, tax)" 하는데 뭔 말인지 몰라서 그냥 지갑을 열어줬다. 그는 30달러 정도를 꺼내갔는데 나중에 생각해 보니 그게 정말 줘야 하는 돈이었는지는 모르겠다. 그래도 나는 가방을 찾았다는 안도감에 연신 "감사합니다, 감사합니다" 인사하면서 버스를 탔다.

그렇게 나는 티켓을 보며 시간 체크하는 법을 알게 되었고, 이제는 차 사진과 넘버를 핸드폰으로 찍어두고 차가 다른 곳에 정차해 있어도 찾아서 탈 수 있게 되었다.

이때의 아찔했던 경험은 아이러니하게도 내가 그 이후로 두려움 없이 모든 나라를 다닐 수 있게 용기 내는 가장 큰 계기가 되었다. 영어 한마디 못하고 옆에 도와줄 사람이 있는 것도 아닌 상황이지만, 어쩔 수 없이 그 상황을 헤쳐나와야 했기 때문이다. 간절

하면 창피할 것도 없다. '어떻게 말하지? 어떻게 저걸 할 수 있지?'
라는 생각을 할 틈이 없다. 계산적인 생각은 할 수가 없었고 뭐든
안 하면 안 되는 상황이니까 어떻게든 문제를 해결하려는 생각을
저절로 하게 되는 것이다.

어쩌면 우리의 모든 문제는 간절함의 차이로 해결되기도 하고
안 되기도 할 거라는 생각을 그 경험을 통해서 하게 되었다.

나를 대신해 줄
능력자 찾기

　　　　　　　　　　그렇게 우여곡절을 겪으면서 어
찌어찌 애틀랜타에 도착해 만난 분은 남자 분이었다. 내가 잘 데
가 없었기 때문에 다시 아는 여자 분을 소개해주셨다. 그녀는 마
치 아무것도 할 수 없는 상태에서 죽을 날만 기다리고 있는 사람
같이 보였다. 50대 초반으로 보이는 그녀는 간암으로 인해 복수가
차서 배가 불룩해져 있는 상태였다.

　한국에서 고가의 제품을 취급하는 네트워크 회사를 다닌 적이
있다는 그분은, 애터미가 생필품을 포함한 제품들을 인터넷 쇼핑
몰을 통해 무료회원 등록을 하고 구매하는 곳이라고 하니까 빠르
게 이해했고 반가워했다. 같이 사는 일본인 남편이 너무 착하고

좋은 사람이라서 자신이 떠나면 혼자 남게 될 남편을 위해 죽기 전에 무엇이라도 일을 하고 싶다고 했다. 당시 나는 무비자 3개월 만기일을 앞두고 있었기 때문에 뉴저지로 돌아가면 우선은 한국으로 들어갔다 와야 했는데, 돌아오면 곧바로 자신에게 돌아와 달라고 부탁까지 했다. 뭔가 성과를 만들어서 남편이 소득을 가지게 되면 좋겠다고 말했다. 일본인 남편은 일식집에 셰프로 출근하고 있었는데, 애터미는 사업자가 사망해도 회원 코드를 물려줄 수 있기 때문에 이제 시작하는 애터미에 사업자를 만들어 물려주고 싶어한 것이다.

그녀는 생활보호대상자였는지 정부에서 제공하는 간호 도우미의 도움을 받으며 하루하루를 넘기고 있었다. 그럼에도 불구하고 그녀에게서 삶의 희망과 도전의 끈을 놓지 않는 강한 정신을 보았다.

애틀랜타까지 30시간이 걸려서 도착한 탓에 나는 마중 나왔던 분에게 뉴저지로 돌아갈때는 비싸도 비행기를 타겠다며 미리 끊어 왔던 왕복 티켓을 돌아가는 티켓을 환불 했지만, 다시 뉴저지로 돌아올 때는 결국 돈이 아까워 또 그레이하운드 버스를 타고 말았다.

한번 해본 것은 경험이 생겨 크게 두렵지 않다.

두려움을 돌파하면 보상이 따른다

뉴저지로 돌아오기 위해 버스정류장으로 가며 한인 택시기사에게 들은 얘기로는 나처럼 그렇게 무식하게 장거리를 버스로 타고 가는 사람은 없다고 했다. 한국인 중에 그레이하운드 버스를 타는 사람은 본 적이 없다는 것이다. 아무리 비싸도 비행기로 움직이거나, 버스를 타더라도 한인들이 주로 이용하고 한인들이 주로 사는 지역에 세워주는 버스를 탄다는 것이다.

택시 기사님을 통해 뉴욕과 애틀랜타를 오가는 한인 버스는 일주일에 3번 정도 있고 저녁에 7시쯤 출발하면 아침 8~9시쯤 도착하는 한인들이 주로 이용하는 버스가 있음을 알게 됐다. 요금도 비슷했다. 같은 거리라도 여기저기 모두 들르지 않기 때문에 13~14시간 정도면 도착하고, 차 안에 화장실도 구비돼 있어 편안하고 안전했다. 밤새 가는 버스였기 때문에 모포를 가지고 덮고 가는 사람들이 많았다.

또 차이나 버스, 스페니시 버스도 있다는 것을 알게 되었다. 그 버스들도 다 이용해 보았다. 한인버스처럼 그들도 그들이 많이 사는 동네를 경유하며 다니는 것 같았다. 영어를 모르지만 미국에서 생활하는 한국인이 있듯이 다른 나라 사람 중에도 그런 사람들이 많이 있었다. 그렇게 버스를 타고 다니는 동안 구석구석 많은 지역을 돌다 보니까 '내가 다니는 이 지역 모두 애터미 센터가 생겼으면 좋겠다' 하는 생각들을 하게 되었다. 지금은 실제로 곳곳에 센터가 생겨났고, 특히 동부에서는 도시마다 애터미 센터가 없는 곳이 거의 없게 되었다. 비행기만 타고 다녔더라면 이런 상상도 불가능했을 것이고 그 상상이 실현된 지금도 현실이 꿈처럼 선명하지 못할 것이다,

개척하러 다녔던 그 길을 이제는 인생의 판을 바꾼 성공자로서 강의를 하러 다니고 있다. 이 못 배우고 단순무식한, 60이 된 아줌마가 말이다. 나의 강의를 듣는 사람들은 웬만하면 거의 다 잘 배우고 잘난 사람들이다. 나 같은 사람이 성공자 위치에 올랐다는 그 사실만으로도 그들은 감동을 받는다고 한다. 뉴욕에서 애틀랜타가 얼마나 먼지 그걸 알았다면 내가 그렇게 쉽게 버스를 타고 니설 수 있었을까? 또 두려움을 극복할 수 있는 절박한 상황 속에서 빠져나와 인생을 바꿀 수 있었을까? 무식해서 용감했던 것이, 절박해서 헤쳐나갈 수 있었던 것이 나에게는 기회를 가져다주었다.

두려움 속으로 들어가 보면 막상 별것 아니다. 사람 사는 곳은 어디나 똑같다. 밤새워 버스를 타고 가면서 히피처럼 생겨서 평생 씻지도 않은 듯한 사람들을 볼 때면 혹여라도 잠든 사이에 나를 어떻게 할까 봐 사탕 한 개, 비스킷 한 개라도 건네면서 나는 최대

한 바보 같은 순진한 웃음을 지어주곤 했다. 에어컨 때문에 추웠던 버스에서 내가 잠든 사이에 자기들 담요를 덮어주던 그 흑인들도 고맙다. 그때의 그 사람이었을지도 모르는 흑인들도 지금은 애터미 사업을 많이 한다. 그들 모두 성공하기를 바랄 뿐이다.

함께할 파트너를 찾아서

미국에서 회원 가입을 하고 제품을 쓰는 사람들이 늘어나니까 고민이 시작됐다. '필요한 제품이 있을 때마다 인터넷 구매를 해야 하는데 내가 한국으로 돌아와 버리면 이걸 잘 해나갈 수 있도록 관리할 수 있는 사람이 없네'라는 생각이 들었다. 당시만 해도 그들은 직접 주문해서 쓸 만큼 온라인을 가까이 접하는 익숙한 상태가 아니었다. 지금이야 어느 나라든지 핸드폰 하나로 인터넷을 통해 필요한 정보를 다 찾고 활용하지만 그때만 해도 핸드폰으로 인터넷을 쓰는 사람이 거의 없었다. 내가 없는 상태에서 익숙하지 않은 인터넷 구매를 잘 못하겠으면 혼자서는 잘 안 하게 될 것이고, 결국 사업 진행은 제대로 되지 않을 것이 분명했다. 처음에는 "이 제품이 필요해요. 하나 갖다주세요" 했을 때 마치 방문판매처럼 구매하고 배송받는 것을 도와주지만, 점점 교육을 통해 혼자서도 할 수 있을 때까지 옆에서 알려줘야 했다. 그런데 내가 없다면 이 과정을 해줄 수 있는 사람이 없었다. 두 달 동안 뉴저지의 팰리사이드 파크를 돌면서 30명가량의 소비자가 만들어졌지만 판매 라인이 탄탄해지고 더 이상 도와주지 않아도 알아서 잘 진행되는 상태가 되기까지는 시간과 사람이 필요했다.

그러다 내가 만난 사람이 심재광 사장님이다. 다른 회사 네트워크 마케팅을 하던 그는 다른 회사에서 교육도 해보고 사업을 해봤던 경험이 있어서 애터미를 소개하고 교육하는 것을 그리 어려워하지 않고 진행할 수 있을 것 같았다.

미국에서 개척 사업을 시작한 지 두 달이 지나고 무비자 체류기간 3개월 만기가 다가오자 나는 한국으로 들어와야 했다. 사업을 시작은 했는데 잘 모르는 분들을 위해서 한국에서 1주일 정도 지내고 다시 무비자 체류 3개월을 지낼 작정으로 미국으로 날아갔다. 그런데 내가 미국으로 가는 동안 다른 통신회사 네트워크 사업을 먼저 시작한 후 나의 애터미 사업을 도와주고 있었던 분들이 원래 하던 회사의 제품과 사업을 소개하러 한국에 오게 되었다.

나의 고민은 다시 시작되었다. 이곳에서 새로운 파트너를 구할 것인가, 아니면 다른 회사 소개하자고 한국으로 간 사람들을 만나러 가서 한국에 온 김에 애터미를 더 알아보게 할 것인가. 내가 선택한 것은 후자 쪽이었다. 그분들이 이왕 한국에 온 김에 한국의 애터미 사업을 알아보고 비교해 보도록 하는 것이 훨씬 효과적이겠다는 판단이었다.

나는 다시 한국으로 귀국해서 그들을 쫓아다녔다. "모처럼 한국에 왔으니 속리산 구경도 할 겸 애터미 세미나 한번 가봅시다. 1박 2일 세미나가 끝난 후에는 동해안 투어를 시켜줄게요." 그렇게 애터미에서 매달 속리산에서 진행하는 1박 2일 석세스 아카데미에 4명 정도가 참여했다. 세미나 참석 후 그들은 '애터미 안 하면 오히려 손해겠다'는 생각을 했고 봉고차를 하나 렌트해서 강원도를 돌고 난 후에는 이런 소감을 이야기했다. 그동안 자신들이 했던 세미나나 나에게 들었던 이야기보다 회사에서 직접 강의하는 세미나를 듣고 나니까 기존에 하고 있던 다른 회사와 비교가 된다는 것이다. 이분들은 미국으로 돌아가서 애터미 사업을 하는게 훨씬 낫겠다는 결론을 내렸다.

이분들이 미국으로 돌아가고 나도 다시 미국으로 들어가 현지에서 다시 이분들과 소비자와 파트너 만드는 일을 탄탄히 하는 작업에 몰입했다. 이분들 중에 "센터를 내야겠다"는 분이 있었고 이때부터는 사무실을 내고 제품에 대해 알고 싶거나 사업을 하고 싶어하는 사람은 센터로 오게 해서 설명하는 것이 가능해졌다. 이때부터는 나는 센터로 출근해서 조언과 조력을 다했다.

그들이 원하면 내가 간다

기본적으로 월세, 차량유지비 등 생활비가 많이 들어가는 미국 교민들은 네트워크 사업을 해도 부업에서 시작하는 사람이 많다. 그렇기 때문에 처음에는 수입이 없는 상태로 활동해야 하는데, 나처럼 그 기간이 길어서 1년가량 수입이 없는 경우도 있다. 그러니 더욱더 기본 생활비를 벌기 위해 처음부터 올인하지 못한다. 그들은 부업을 위해 낼 수 있는 시간이 각자 달랐기 때문에 여러 명이 그들의 빈 시간에 맞춰 나와 동행해서 사업 설명이나 제품 설명을 해주기를 요청하면 그들을 따라다니면서 도왔다.

그렇게 1년 동안 미국을 4번을 다니면서 일을 하고 많이 배우고 똑똑한 사람들이 많다보니 스스로 일을 해가는 분들이 많아졌다. 지금은 1년에 한 번씩만 가도 될 정도가 되었고, 미국에 강의를 하러 갈 때마다 도시별 센터에 가서 강의를 하면 된다. 사업자들을 만나 함께 다니다 보니 미국 동부는 구석구석 동네마다 안 가본 곳이 별로 없지 싶을 만큼 많이 다녔다. 갔던 곳이라도 사실 작은 도시들은 동네 이름을 들어도 잊어버리는 경우가 많지만, 주요 도시들은 '아, 어디쯤'이라는 것을 파악하고 머릿속에서 지역이 스윽 그려질 만큼은 알게 되었다.

미국 사업을 하면서 가장 큰 보람이라고 하면 돈 버는 것도 좋지만 그것보다는 미국의 생활상을 봤다는 점에 있다. 내가 한 번 쯤 살아보고 싶었던 미국에서 일하면서 일상생활을 했다는 점, 구석구석을 돌아볼 수 있었다는 점은 지금도 나에게 큰 의미로 다가온다.

지금은 나보다 1년 반, 2년씩 늦게 시작했지만 나보다 더 성공한 직급자도 나왔고 또 훌륭한 파트너들도 여러 명 나와 있어 더욱더 앞으로가 기대된다.

내 생애 가장 행복한 순간

그렇게 2010년에만 미국에 4번을 갔다. 2010년 마지막으로 미국에 있었던 때는 12월 크리스마스 앞두고 있을 때쯤이었다. 내가 알기로 한국에서 별로 배운 것 없는 아줌마로서 일하는 엄마로 살아오면서 생일을 특별히 기념해서 챙겨 먹기란 드문 일이었다. 나 역시 내 생일을 제대로 챙겨 먹어 본 적이 없다. 어쩌다 운이 좋으면 엄마가 미역국을 해주고 떡을 해주는 게 최고였을 뿐이다. 간혹 친구들과 만나서 생일을 지내는 때도 있었지만 밥 한 끼 함께 먹는 것이 전부였다.

2010년 12월 크리스마스엔 내 생일을 겸한 송년파티가 열렸다. 미국 뉴저지 버겐 센터에서 함께 일하는 사람들이 모두 집에서 음식 하나씩을 장만해 왔고, 센터에서 파티를 열어주었다. 그들은 내 생일선물도 준비한 데다가 감사편지를 써와서 낭독해 주는 사람도 있었다. 그날의 파티를 떠올려보면 아마도 내 인생에서 가장 행복했던 날이 아니었을까 하고 생각된다.

연봉 2억, 로열리더스 클럽에 들다

애터미에서 '성공자'를 구분하는 척도는 연봉이 우선이다. 돈과 시간으로부터 자유롭고 싶은 사람들이 돈을 벌기 위해 충분한 대가 지불을 하면서 일하는 곳이기 때문이다. '성공자'의 분류는 3가지인데, 연봉 1억 원 이상을 리더스 클럽이라 하고, 연봉 2억 원 이상을 로열리더스 클럽, 연봉 4억 원 이상을 크라운리더스 클럽이라고 하는데 애터미 창업 10년이 지나면서 리더스 클럽 이상은 약 500명 정도로 알고 있다. 그중에 내가 속한 로열리더스 클럽 이상은 약 150명 정도가 된다.

1~6월, 7~12월의 총소득으로 정산을 해서 정하는데, 첫 성공자라 부르는 리더스 클럽이 있는 날이었다. 내가 애터미를 시작한

지 만 3년이 지난 후였을 것이다, 그날의 그 기분을 어떻게 설명해야 할지 모르겠다.

나보다 10개월 늦게 시작한 내 파트너가 나에게 리더스클럽 모임 초대를 받았는지 물어 오면서 알게 된 모임, 애터미 첫 리더스 클럽 모임이 있는 날이었다. 해외로 일하러 돌아다니다 한 달에 한 번 있는 속리산 1박 2일 석세스 아카데미에 참석했는데, 나의 사업자 파트너가 "리더스 클럽 첫 모임이 있는데 참석하라는 문자 받았지?" 하고 물어왔다. 나는 "그게 뭔데요?" 되물으며 문자를 보여 달라고 다그쳤다. 나는 그 문자를 받지 못한 것이었다.

그 순간 4년 가까이 사업을 해오면서 내가 알지 못했고 중요하게 여기지 않았던 수당 체계가 눈에 들어온 듯했다. 나로부터 시작해서 좌우 두 라인의 매출이 균형을 이루도록 단계별 매칭을 통해 하루 7만 원가량부터 약 140만 원가량의 수당을 받아갈 수 있는 이 일을 누구랑 어떻게 하느냐가 얼마나 빨리 성공하는가의 방법이라는 사실을 깨달은 것이다. 네트워크 회사마다 세 라인을 두는 곳도 있고 제한이 없는 곳도 있지만, 애터미는 두 라인을 두게 돼 있다.

좌우 두 라인을 모두 스스로 개척했던 나는 당연히 그 모든 일은 내가 해야 하는 것이라고 생각하고 있었다. 네트워크 사업을 처음 해보는 나는 그렇게 알고 있었다. 그래서 인맥이라곤 전혀 없는 해외로 다니며 좌우 두 라인을 모두 구축해 가다 보니, 내가 뛰어들어서 해외 라인을 구축하는 바람에 힘들이지 않고 한 라인이 만들어진 하위 사업자는 또 다른 한 라인만 만들면 빠르게 승급할 수 있는 상황이 된 것이다.

나를 추월해서 나보다 빠르게 성공한 파트너 사업자 파트너를 보면서 뿌듯함과 자부심이 엄청 크고 자랑스러웠지만, 그런 구조가 내게 병이 되었다. '그러면 도대체 내 위에 있는 스폰서들은 왜 나를 안 도운 거야?' 생각이 여기에 미치자, 나를 제외하고 또 다른 라인만 도와주는 상위 사업자가 미워지기 시작했다. 그 미움이 병이 되어 그렇게 즐겁던 일이 하기 싫어졌다. 내가 모든 두려움을 떨쳐내고 경비를 절약하느라 밥까지 굶어가면서 일한 매출로 그들이 돈을 벌게 하고 싶지 않았다. 그 뒤로 동생만 보면 원망을 하기 시작했다. 왜 나를 그런 사람들 밑으로 가입시켰냐고.

그 원망을 고스란히 받아 넘기던 동생이 어느 날 속리산 석세스 아카데미 세미나장 앞마당에서 불같이 화를 냈다. "애터미는

다 소비자들이야. 그 소비자를 만들어가는 우리는 모두 사업자고, 내 사업을 하는 거지. 당연히 좌, 우 라인을 내가 다 해야 하는데 그걸 스폰서 일을 해주는 것처럼 여기고, 나를 위해 뭔가 해줘야 한다고 생각하는 게 잘못된 거야. 누나는 지금 스폰서 사업을 해주고 있는 게 아니야. 누나가 누나 사업을 하는 거라면 그 생각 자체를 버려. 그런 생각을 계속한다면 누나는 사업자도 아니고 리더는 더더욱 아니야. 그런 생각과 그런 모습이 파트너들에게 보여지고 전해지면 그 사람들까지 병들게 하는 거야. 그들을 위해서라도 이쯤에서 그만둬. 그만둘 게 아니라면 누나가 상위 라인에 바라던 스폰서 역할을 아낌없이 파트너에게 해주라고!"

평소에 말도 별로 없고 화도 잘 안 내던 동생이 그렇게 호되게 나를 나무랐다. 눈물을 줄줄 흘리며 원망하던 나는 너무 부끄러웠다. 그리고 동생이 너무 커 보였다. 다시는 이런 생각을 하지 말고 이런 모습을 보이지 말자고 결심했다. 상위 스폰서보다 더 빠른 성공을 해서 이 억울함을 보상받자는 오기가 발동했다.

탄탄한 성공, 다시 시작해도 나는 한다

이런 모습을 말하는 것이 심히 부끄럽지만 어쩌면 네트워크 사업을 하는 많은 사람들의 갈등이기도 할 것이다. 내 파트너들 역시 그렇게 스스로 리더로서 책임지면서 일을 하기 때문에 나 역시 이 자리에 있는 것이다. 또 내가 만든 몇몇 파트너에 의해 형성된 잘 알지 못하는 수많은 소비자와 사업자들의 노력으로 나의 성공이 만들어진다.

2016년 하반기 7~12월의 수당 총액이 2억 원이 되면서 나는 2017년 1월 로열리더스 클럽에 입성했다. 나는 좌, 우 모두 스스로 개척해서 어렵게 파트너들과 함께 만든 것이기 때문에 여기까지 온 것에 대해 더더욱 뿌듯함과 자부심이 가득하고 성공이 너무 자랑스럽다.

이 자부심 때문에 나는 세상에 대한 자신감이 생겼다. 다시 시작해도 성공할 수 있을 것이라는 자신감이다. 이것은 그 누구도 심어줄 수 없는 것이다. 애터미의 절대품질 절대가격 절대시스템이 만든 것이지만 애터미를 선택하고 성공할 때까지 포기하지 않고 해낸 것은 순전히 내가 해낸 것이기 때문에 스스로 해냈을 때만 오롯이 주어지는 자부심이다. 나는 연봉이 얼마고 경제적, 시간적으로 자유로움이 생겼으니 내 인생이 성공한 것이라고 생각하지는 않는다. 그런 눈에 보이는 것이 아니라 내 안의 그런 자부심으로 인해 나는 스스로를 성공했다고 말할 수 있다.

막히면 돌아가고
낮은 곳에 머문다

선한 것이
최고의 전략이다

　　　　　　　　　　　　　내가 애터미 사업을 알게 된 것
은 남동생 덕분이다. 현재 동생은 초창기 멤버로 애터미 크라운
클럽의 최고 직급이 되었다.

승급식 때는 회장님이 지게차로 현금 10억 원을 떠 주시는 축
하 프로모션을 받기도 했다. 그 남동생이 애터미 사업을 처음 시
작한 후 나를 찾아왔었다. "누나 사업하자"라는 것은 아니었다.
"누나, 화장품이 좋으니까 한번 써봐"라고 한 것이다. 그때 나는
절대 이런 거 하지 말라며 거절을 했다. 그러면서 엄마, 언니, 여
동생에게 "성일이가 이런 걸 들고 오면 절대 상대해 주지 말고, 가
입도 하지 마. 그거 해주는 순간 성일이 망하게 하는 서야. 이거

다단계니까 절대 해주면 안 돼"라고 부탁했었다.

그동안 남동생은 다른 사업을 하면서 연이어 실패를 거듭해 왔다. 나는 사람들에게 피해 주고 욕먹는 다단계 일을 하게 하기 싫었다. 그런데 동생은 말리는 나에게 이렇게 말했다. "누나, 내가 망하고 또 망해서 이제는 정말 우리 사회에서 더 이상 할 수 있을 만한 게 없어. 이렇게 신용불량이 쌓인 상태에서 할 거라곤 노가다 밖에 없어. 그런데 노가다를 하다가 내가 정신이 망가지고 몸이 망가지면 나한테는 어떤 기회가 오더라도 잡기 힘들어. 혹시 기회가 왔을 때도 자신 있게 잡지도 못해. 그러니까 그 일은 안 하는 게 나를 살릴 수 있는 길이야. 그리고 그 노가다 해 가지고 밥 먹고사는 거밖에 더 하겠어? 그 일을 하면서 부자 될 수 있어? 부모님도 노동 일을 하고 살았지만 겨우 밥 먹고사는 일밖에 더 하겠어? 지금 세상에 밥 굶고 사는 사람은 없어. 근데 밥 먹고살기 위해서 그런 일을 하고 싶지 않아. 그런데 애터미는 지금 이런 나한테도 잘살 수 있다는 희망을 갖게 해."

부모님이 평생 노동하면서 성공한 인생을 못 살았기 때문에 희망을 갖고 싶다는 그 말에는 공감이 갔다. 그래서 더 이상 말리지는 못하고 나름대로는 이걸 말리는 다른 방법으로 '안 사줘야 지쳐서 못하겠지' 하고 생각한 것이다. 그 뒤로 남동생은 애터미를 해보란 얘기를 꺼내지 않았으며 제품을 팔아 달라는 얘기도 안 했다.

이후에 동생이 한 달에 1천만 원 넘게 번다면서 주마다 엄마에게 생활비를 50만 원씩 준다는 얘기를 들었다. 엄마는 처음에는 생활비를 받는다고 자랑을 했다가 안 받는다고 했다가 번복하곤 했다. 일정한 생활비를 받는다는 얘기하면 다른 자식들이 간혹 얼마간이라도 드리던 용돈을 안 줄까 봐 그랬던 것같다. 그런데 시골에서 감자 캐고 고구마 캐고 하는 일들을 하면서 생활비를 벌어 남동생 아이들을 키우시던 엄마가 일을 안 하기 시작했다. 그러다 보니 나는 궁금해졌다. '도대체 뭐길래?'

"누나, 속리산 여행이 무료야"

그렇게 동생이 잘된다니 안심이 되던 어느 날 이사를 하겠다면서 엄마와 함께 살 집을 구하는 일을 나에게 맡기며 아파트를 월세로 10개월만 살 집을 구해 달라는 말에 어리둥절했다. 나는 매월 지출되는 비용을 최소화해야 한다는 신조로 살아온 사람이다. 아무것도 없이 신혼을 시작해서 결혼 후 몇 년 동안 월세를 살았던 것을 제외하고는 월세를 살아본 적이 없었다. 지방에서 서울로 이사를 했을 때도 지하방에 살지언정 월세는 나가면 안 된다는 것이 내 신조였다.

그때가 2008년 12월이었는데 "아파트도 월세도 있냐? 왜 열 달만 살 집이야?" 했더니, 동생이 전주에 분양을 받은 집이 있는데 입주 시기가 열 달 후라고 했다. 최고 평수가 88평인 아파트 단지 안에서 77평을 분양받았다고 했다. 믿기지 않았지만 어쨌든 나는 신이 나서 아파트 월세를 알아보러 다녔다. 그런데 월세 아파트가 있는지 어떻게 물어봐야 하나 은근히 걱정을 하고 부동산중개소에 들어선 내가 민망할 정도로 월세가 많다 해서 놀랬었다.

다행히 몇 개월 후에 집 주인이 들어와서 살려고 하는 아파트가 있었고 시세보다 싸게 들어갈 수 있었다. 이때 엄마는 입던 옷 가지 몇 벌을 빼고는 살림살이를 거의 가져가지 않았다. TV, 세탁기, 소파와 가구, 그릇, 커튼 등 모든 걸 4주 동안 이사준비하며 바꿨다. 그러다 보니 '이 돈이 다 어디서 난 거지?' 싶었다. 동생은 일주일 후 결제해 줄 테니 골라놓은 가전제품들은 예약을 걸어놓으라고 했는데, '아니 매주 돈이 어떻게 나오지?' 싶었던 것이다(수당이 주마다 나오는 건 나중에 알았다).

그렇게 이사를 해놓고 휴가를 겸해서 그 집에서 며칠을 쉬었는데, 늦잠자고 아침에 거실로 나오다 구두를 신고 있는 동생을 보면서 물었다. "어디가?" 동생은 속리산 세미나에 간다고 했다. 그러면서 갑자기 생각난듯 "누나 여행 다니는 거 좋아하잖아. 나 세미나가 있어서 가는데, 1박 2일이라 내일 올 거야 누나도 놀러

갈래?" 하길래 "돈 들어?"라고 물었더니 "무료야"라고 했다. 무료라는 말에 솔깃해서 고양이 세수만 하고 따라간 나는 거기서 회장님의 사업 설명을 처음 들었는데, 그동안 동생의 변화를 전체적으로 이해하게 되었다. 그리고 내 귀에 마음에 딱 들어와 가슴 뛰게 하던 내용은 애터미가 앞으로 전 세계를 향해 나갈 것이라고 하신 말씀이다. 가슴이 뛰었다. 애터미로 내 노후를 준비하고 내 꿈인 전 세계 여행도 할 수 있겠구나. 이건 무조건 해야 해. 10년을 해서 한 달에 연금성 소득으로 죽을 때까지 200~300만 원만 들어올 수 있다면 난 '10년을 걸려서라도 반드시 해야 해' 라고 결심하게 되었다. 그 때가 2009년 1월이었다.

내 사람을 만드는 가장 빠른 비법

동생이 화장품 총판을 한 적이 있다. 화장품 공장에서 화장품을 가져와 대리점에 납품을 했다. 그런데 자신이 가져올 때는 현금을 주고 사오고 대리점에 줄 때는 외상으로 내주니 나중에 결국 외상값을 못 받아서 망한 것이었다. 네트워크 사업은 그럴 일이 없었다. 현금 주고 사와서 외상으로 팔 일도 아니며, 소소한 금액으로 제품을 먼저 사서 주변에 권할 수는 있겠지만 망할 정도의 금액은 아니었다. 인터넷 쇼핑몰에서 자기 산하에서 쓰는 매출 포인트를 가지고 수당을 받는다는 것이 이해가 되었다. 두 라인밖에 없으니 누군가 함께 만들어가다 보면 전 세계로 가는 것도 가능하다고 하는데, 애터미가 적어도 30개국 이상에서 오픈할 것이라니까, '아, 그러면 나도 애터미 시스템을 가지고 미국도 가고 일본도 가고 전 세계를 애터미로 일하면서 여행을 해야겠다, 돈 벌어 여행하려고 했는데 일하며 여행하면 여행경비로 노후 준비를 하게 되니 이거야말로 꿩 먹고 알 먹고 일이겠네' 하는 생각이 들었다.

그렇게 애터미 사업을 시작하면서 느끼게 된 것들이 있다. 만약 동생이 매번 성공하는 삶을 살았던 사람이라면 내가 관심을 가지지 않았을지도 모르겠다. "넌 원래 뭐든지 잘하잖아"라고 생각하고 말았을 것이다. 누나의 눈으로 볼 때 동생은 허우대는 멀쩡한데 속이 너무 여려서 남한테 매번 이용만 당하는 사람이었다. 자기 사업을 할 때도 매번 망하기만 하고 사업을 성공시키지는 못했다. 동생이 애터미를 통해서 연봉 1억, 2억, 4억의 소득을 얻는 직급까지 올라가자 '저런 동생도 했는데 나는 더 잘할 수 있겠구나' 하는 생각을 했던 게 사실이다. 어찌 보면 너무 쉽게 생각했던 것 같다.

그러나 막상 사업을 하면서는 최고 직급까지 올라간 동생과 나의 차이를 느끼게 되었다. 나는 좀 계산이 빠른 편이었다. 내 것을 조건 없이 퍼주는 것이 잘 안 된다. 동생은 그동안 그것 때문에 망하곤 했는데, 애터미 사업을 하면서는 달랐다. 동생도 처음엔 돈도 없고 말 할줄도 모르고 아무도 따라주지도 않아서 애터미 사업을 포기하고 대리운전을 했던 때가 있었는데 다시 애터미로 돌아와 성공 못 하면 죽으리란 각오로 오히려 사람들에게 먼저 베풀다 보니 따르는 사람들이 생기고, 그것이 빨리 성공하게 된 비결이었다는 것이다. 그동안의 일상생활에서는 한심해 보였던 부분이 이곳에서는 성공할 수 있는 조건이 됐다는 점은 나에게 많은 생각을 하게 했다.

동생이다 보니까 속 깊이를 알고 그런 부분들을 배우다 보니까, 나 또한 사람과 사람이 연결되어 의지하고 산다는 것의 의미를 다시 생각하게 되었다. 내가 타인에게 먼저 희생하는 것은 가장 빠르게 내 사람을 만드는 방법이었다. 어떻게 관계를 만들어가느냐가 이 사업의 관건이었다. 하위 라인 사업자를 성공시켜야 내가 잘되는 것이므로, 그 사람을 성공시키기 위해 나는 기꺼이 희생을 감수하는 것이 성공의 밑거름이 되었다.

리쿠르팅을 할 때도 처음에는 욕심 있게 일하는 사람, 능력 있어 보이는 사람을 우선적으로 봤는데, 이제는 길게 관계를 유지해갈 수 있는 사람을 찾는다. 내가 마음을 다해서 대하고 있는데 그 사람은 자신의 이익만을 추구한다면 내가 자꾸 마음이 다치면서 그 사람의 성공을 위해 움직이고 싶은 생각이 없어졌다. 관계의 중요성, 사람의 중요성을 깨우치고 나서는 얄미워질 수 있는 사람은 그냥 소비자로서 남기게 되었다. 나와 함께 성공할 사람들은 인성이 갖춰진 사람들, 어떻게든 성공시키고 싶다는 마음이 가는 사람들로 찾게 되었다.

당신이 성공하면 나도 성공한다

누구나 사람들은 성공을 원한다. 그러나 성공으로 간다는 건 자본과 노력만으로 힘들다. 그럼 무엇을 해야 할까? 가장 먼저는 시대의 흐름을 알아야 한다. 또 내가 투자하는 곳의 지역 사회도 알아야 한다.

보통 소시민들이 눈앞에 보이는 것, 해야 할 것들이라 여겨지는 일에 묶여 미래를 바라보고 대처하는 능력이 떨어지기 때문에 맡겨진 일들만 하다 보니 성공하기 힘들다. 그러나 내가 하는 그 일로 다른 사람들은 돈도 나보다 쉽게 벌고 성공도 한다.

시대에 뒤처진 사람이 생각하는 성공이란 아마도 먹고살기 불편하지 않은 정도일 것이다. 그렇다면 성공하는 사람들을 보자. 대체로는 혁신적인 일을 하고 있다. 앞으로 시대가 요구하는 것들에 맞춰 사업들을 한다. 그래서 그들은 성공하는 것이다. 난 배우지 못해서 학문적으로나 지식적으론 알지 못한다.

나는 내가 살아오면서 뭐를 잘했는지 늘 생각해 보곤 하는데 스스로 잘했다고 판단되는 건 선택이다.

1960년에 태어난 내가 사는 우리 동네는 농업을 주로 해서 먹고 사는 시골 동네였다. 그중에 좀 잘 산다 하는 사람들은 대농이거나 농사가 아닌 직장 생활이나 사업을 하는 사람들이었다. 1970~1980년대는 제조산업이 최고조에 이르면서 공장이나 자영업자들이 호황을 누리며 부자들이 되었다.

나는 그때 내 미래를 위해 뭘 해야 할지 고민했다. 배운 것도 없고 경험도 없고 나이도 어린 내가 선택 할 수 있는 것은 양장 기술을 배우는 거였다. 양장점을 하는 사람들이 그 시대엔 거의 다 잘사는 축에 속해 있었다.

죽기 살기로 고생하며 5년간 기술을 배워서 양장점을 차리고 돈 좀 벌만 하니까 이미 맞춤에서 기성복으로 봉제산업이 활성화되면서 체계를 갖춘 대형, 중형공장에서 대규모 물량의 옷들이 브랜드를 앞세워 전국에 지점을 내기 시작했다. 양장점 맞춤옷보다 예쁘고 값도 싸니까 고객은 모두 양장점을 외면했고 한순간에 양장점들이 모두 문을 닫았다.

만약 시대가 변하지 않았다면, 그리고 앞으로도 변하지 않는다면 나는 맞춤옷을 해주며 살았어도 부자가 되었을 것이다. 그러나 시대는 늘 변하기 마련이고 나도 따라 변해야 한다. 난 그때는 시대의 변화까지 생각할 수 없었다. 지금도 마찬가지긴 하지만 그래도 요즘엔 정보에 귀기울인다.

적어도 시대를 앞서가진 못하더라도 따라가 주기라도 하다 보면 최소한의 가난은 면할 수 있다. 그 설명을 애터미 회장님 강의를 통해 알게 되었고 나는 결단해야 했다. 만약 그때 결단하지 않았다면 지금은 눈도 어둡고 체력도 달리는데 일까지 없어서 아마도 늘 한숨과 걱정 속에 살고 있었을 것이다.

잘사는 것도 중요 하지만 나에게 맞는 즐거운 일을 하는 것도 행복한 일이다. 사람은 간절히 원하는 일을 할 때는 힘이 들어도 즐거울 수 있다. 경제적으로 내가 필요한 만큼 성공하기 위해서, 그리고 내가 진정 원하는 삶을 위해 내가 이미 알고 있고 익숙한 일, 이제 사라질 일이 아닌 모두가 찾게 될 만한 일을 찾아야 한다는 것도 알게 되었다.

내 인생

보증금 20만 원에 월세 3만 원짜리 집마저

내 돈으로 얻어 신혼살림 시작할 때도

200만 원짜리 연립주택 지하실 화장실도 없는

단칸방에서 아침이면 공중 화장실 앞에 줄 서서

배를 움켜잡고 발을 동동거릴 때에도

내 인생 바닥이란 생각은 해본 적 없습니다.

결혼 후

12년이 되도록 아이도 없고 남편 직장도 없어도

늦잠 한 번 실컷 자고 싶어 일찍 오는 아침이 원망스러워도

놀고 있는 남편 점심상 차려 상포 덮어 놓고 출근하면서도

아이 없는 애끓음에 죽고 싶은 나날 견딜 때에도

내 인생 가혹하다 생각지 않았었습니다.

열심히 달렸습니다.

앞만 보고 달렸습니다.

몸에 병이 찾아와 수술을 하고도 절망할 수 없었습니다.

못 배웠으니, 못 생겼으니, 못났으니

세상의 온갖 험난한 길 다 걸어도 당연했습니다.

단지 나를 향해 잘못 사노라고 손가락질하고
꾸짖는 잡음만 없다면 모든 것 견딜 수 있었습니다.

잘 견뎠나 봅니다.
내가 견뎌온 길을 따르겠단 사람들도 있습니다.
내가 걸어온 길을 알려달라고도 합니다.
이제는 내 생각대로 중앙선 그어놓고
이렇게 저렇게 길 안내할 수 있으니까요.
내가 걸어온 길이 꽃길은 아니었기에 곳곳에 아픔은 있습
니다.

그 아픔 씻으러 그 슬픔 씻으러 새로운 길을 찾아 나섭니다.
나무나 많은 길이 있습니다.
어느 길로 들어가야 시원하고 상쾌한 골바람을 만날 수 있을
까요?
수많은 길 걸어오며 답습된 체험은 굳이 알려주지 않아도 압
니다.
내가 걸어가야 할 길, 내가 행복한 길, 내가 시원함을 느낄 수
있는 길.
아, 나는 바보입니다.

돈보다
귀한 것이 사람이다

 살아가면서 가족이 아닌 남을 위해 희생을 한다는 게 제일 어려운 일이 아닐까 싶다. 물론 아무런 대가 없이 순수한 마음에서 진정한 사랑과 봉사로 희생하는 사람들과 종교인들도 있다. 그러나 어느 것이든 희생 속엔 반드시 사랑이 내재되어 있다.

그러나 나처럼 고생고생하며 살아온 많은 사람들에겐 희생과 봉사는 그저 사치다. 사랑이 없는 희생이라면 원원으로 이루어지는 일일 것이다. 희생하고 싶지 않은 현대 사회에서는 혼술, 혼밥을 하고 여행도 혼자 떠난다. 점점 각박해지고 이기적으로 변해가고 있다. 따뜻함을 외쳐 보지만 '너나 해라'며 스쳐버린다. 나만 그런가? 그렇다면 심히 부끄럽다.

나는 나 살기도 힘들어서 친구를 별로 만들며 살지 못했다. 그러니 늘 외롭다. 또 희생정신, 봉사정신도 부족한 데다가 게으르기까지 해서 남의 일에 앞장서서 도와주지 못한다. 그래서 또 심히 외롭다. 그랬던 내가 남을 도와야만 내가 성공할 수 있는 일을 하게 되었다. 아무리 게을러도 돈 버는 일이라면 자다가도 벌떡 일어나는 사람이다 보니 하루종일 생각하는 것은 '내가 어떻게 무엇을 도와야 저들이 성공할까'였다.

망고의 추억과 김치 테라피

지금은 능력 있고 좋은 사업자 파트너들을 만나 이렇게 여유 부리며 살고 있지만, 희생할 줄 모르던 내게는 관계나 소통이 너무 힘들어서 성공이고 뭐고 포기해 버리고 싶었을 때도 있었다. 미국과 일본을 왔다 갔다 하면서 일하던 시절이었다. 아침밥을 대충 먹고 나오면 정말 굶어가며 사람들을 만나러 다니기도 하고, 끼니를 대충 해결하며 다니기도 했다. 아직 큰돈을 못 버는데 해외로 다니며 일하느라 제대로 사 먹을 여유가 없었다. 그러다 병이 난 적이 있다.

결국 밤늦게 집에 들어가면서 2층 계단을 오르다가 그대로 쓰러졌다. 빈혈이었다. 며칠을 밖으로 못 나갔더니 파트너 사업자가 전화를 해왔다.

"아니, 요즘 왜 안 보이십니까? 어디 아프세요?"

그 걱정해 주는 한마디에 울컥해서 나는 말을 제대로 하지 못했다. "네, 좀 아파요"라고 했더니 최고로 좋은 망고라면서 내가 머물고 있는 외사촌오빠 집으로 한 상자를 사들고 오셨다. 얼마나 맛있게 먹었던지 아무도 안 주고 나 혼자 다 먹고 싶었지만 여럿이 사는 집이라 그렇게 하지는 못했다.

'그래, 내가 도울 수 있는 최대치로 도와서 성공하게 해드리자. 오늘의 감사함을 절대 잊지 말자.'

그 이후에도 두 분 부부에게 정말 신세를 많이 졌는데, 나중에 내가 다른 파트너 집에 얹혀살며 밥을 해먹고 다닐 때는 밥과 김치를 정말 좋아하는 나에게 찌개도 끓여다 주시고 김치도 해서 보내주시곤 했다. 후에 한국에 오실 때면 언제나 우리 집 방 하나를 내드리고 그분들 필요할땐 아들 차도 내드려서 마음대로 계실 수 있게 했다.

"함께해주서서 감사합니다."

나는 누군가에게 피해를 주는 것도 싫어하지만 남을 이용하려는 사람도 극도로 싫어한다. 그래서 사람들에게 쉽게 정을 주지 못하고 한번 실망하면 회복하기도 참 힘들어하곤 했다. "남남이 한마음으로 뭉치려면 내가 손해를 본다고 확연히 느낄 만큼은 해야 상대방이 '아, 공평한 사람이구나' 생각하는 법"이라고 한다. 애터미 회장님이 자주 하시는 말씀이다. 그러나 일방적인 희생을 하기엔 망설여지는 걸 보면 나는 아직도 큰 리더의 자질을 갖추려면 멀기만 한가 보다.

그래도 '돈보다 더 귀한 게 사람을 얻는 것'이라는 사실만큼은 확실히 깨닫고 있다. 가끔씩 아침에 눈을 뜨면 감사 문자나 카톡이 와 있는 경우가 있다.

엄청난 무더위 잘 보내셨는지요?
인도네시아 정보 주셔서 감사합니다.
제게 또 희망이 생깁니다. 인도네시아가 오픈되면
미국에서 팀장까지 가 있는 이에게
인도네시아 리더감이 생겨 기대가 됩니다.
지난 번 함께 도와주셔서 너무 감사합니다.
본부장님을 롤 모델로, 부족하지만 본부장님처럼 존경받는
리더로 성장하도록 노력하겠습니다.

그저 인사말일 뿐이라 해도 이렇게 보내오는 메시지들이 있어

서 일하는 것이 더욱더 신이 난다. 도대체 어디 가서 나 같은 사람이 존경하고 감사하단 인사를 들으며 살 수 있을까.

미국의 파트너 사업자와 연결되는 사람들 중에 상담과 미팅을 요청하는 사람들이 자주 있다. 그중 한 분의 남편이 선교사라서 동남아시아 지역을 자주 방문하는데, 싱가포르에서 네트워크 판매에 굉장히 뛰어난 경력을 지닌 인도네시아 사람이 회원 가입을 해서 성장이 기대된다는 문자가 온 것이다. 2018년 12월 6일 인도네시아 법인이 세워지고 오픈 세미나가 있었다. 인터넷 쇼핑몰은 10월 중순부터 열려서 매출이 이뤄지기 시작했는데, 나에게도 회원들을 모아놓을 테니 강의를 해달라는 요청이 왔었다. 싱가포르는 인도네시아와 붙어 있기 때문에 넘나들며 활동할 수 있고 능력자 사업자와 함께하게 되었으니 기대가 된다는 의미다.

나이가 들어도 함께 움직일 수 있는 사람들이 있어서 오늘도 희망의 나라로 향한다. 해외에 나가 일을 하다보면 문득 문득 마음이 색달라질 때가 있다. 그럴 때면 낙서하듯 일기 쓰듯 끄적이곤 했는데, 2015년에 써놓은 글 하나를 여기 옮겨본다.

필리핀입니다.
항상 낯선 땅 낯선 사람들과,
말보다는 눈빛과 손짓으로 먼저 통하고

소통할 수 없는 것들에 대한 두려움으로 긴장되고 기대되는,

어쩌면 삶이 정체되어 있는 안정보다 나는 두려운 설렘을 더

좋아하는 탓에

오늘도 이렇게 낯선 거리를 헤매는지도 모르겠습니다.

이 세상 속에서 정말 무가치했던 나를 통해

가치 있는 삶을 살아갈 많은 사람들의

용기와 희망과 도전의 기회가 되어 이 땅에

기대가 되고 밑거름이 되어 세상 곳곳을 누빌 것입니다.

2015년 8월 17일 오후 5시

함께하고 싶은
사람을 찾아서

처음 뉴저지에 머물며 개척을 할 때 아무런 대책 없이 나에게 주어진 시간은 많지 않았다. 무비자 3개월 중 두 달 안에 뭔가 결과를 내야 했고, 생각하느라 앉아서 빈둥거릴 시간이 없었다. 아침마다 한인 타운이 있는 팰리사이드 파크에 나와 밤늦도록 한국 간판이 걸린 가게를 찾아서 돌아다니느라 마음이 급해서 생각할 여유 같은 건 없었다. 화장품을 팔러 화장품 대리점에 들어가서 화장품을 소개하고 있는 나의 모습은 누가 봐도 미친 짓이었다. 생판 모르는, 촌스럽기 그지없고 말도 잘 못하는 내가 소개하는 화장품을 그들은 하나 둘 사서 쓰기 시작했다. 그리고 정말 좋고 싸다면서 주변 사람들에게 소개도 해

췄다. 소비자는 늘어가지만 나는 마음이 급했다.

내가 미국을 떠나도 소비자를 관리할 수 있는 사업자가 필요했기 때문이다. 한인 식당마다 놓여 있는 벼룩신문을 챙겨다 구인구직 칸에 나 있는 광고를 보고 전화를 하기 시작했다. 그 광고를 통해 만난 사람과 연결되어 지금의 심재광 사장님을 알게 되었다. 후에 나를 추월하여 먼저 승급한 미국 파트너다. 그는 4명의 자녀를 둔 가장이었고 가정을 책임지기 위해 정말 열심히 일하느라 쓰리잡을 하고 있었다. 세탁소마다 다니면서 가죽 옷들을 가져다가 세탁 공장에 드라이를 맡기고 찾아다주는 딜리버리일과 세탁소에 세제 등의 물품을 판매하는 일, 그리고 일이 끝나면 저녁에는 통신 네트워크를 하고 있었다.

능력보다 믿을 수 있는 사람

내가 벼룩신문 구인 광고를 보고 찾아간 곳에 가서 보니 통신 네트워크 사무실이었다. 거기서 만난 사람들에게 내 소개와 함께 애터미를 소개했다. 인터넷 쇼핑몰을 통해 생필품을 살 수 있고 회원 가입비도 없고 유지비도 없는 글로벌 원서버 회사(원서버라서 국내 사업자가 글로벌 시장 도전이 가능하다)라는 나의 말에 사람들이 관심을 보였다. 정말 좋고 싼 상품을 애터미 웹사이트를 통해 무료가입해서 쓰는 소비자가 되는 것만으로도 이익이 된다는 말에 몇 명이 "그럼 얼른 회원 가입부터 해야겠다"고 했다. 심재광 사장님이 먼저 가입 신청서를 써주며 내게 말했다.

"그런데 사장님, 오실려면 진작 오시지. 지금은 미국 경제가 정말 나빠져서 아무리 좋고 싼 제품이라도 쓸 수 있는 사람들이 많지 않아요."

그래서 내가 말했다.

"그렇다면 정말 기회네요. 경제가 어렵기 때문에 또 다른 사업을 찾는 분들이 많을 것이고 그것이 곧 내가 성공할 수 있는 기회가 될 수 있습니다. 생각을 바꾸면 위기가 기회입니다."

그렇게 심재광 사장님과 인연을 맺고 함께하게 되었다.

그는 세탁소마다 애터미 제품을 소개하고 다니기 시작했다. 같이 갈 수 있을 때는 내가 함께 다니며 소개를 했는데, 어느 날은 점심을 먹기 위해 같이 중국 식당에 들어갔다. 내가 사겠다고 하니까 그는 "사장님도 힘드실 텐데 각기 내자"고 했다. 그는 상대의 호의나 후원을 마냥 당연하게 여기는 사람은 아니었다.

그 식당을 나와 뉴저지 외곽의 세탁소를 돌기 위해 차를 타고 가는데 사장님이 말했다. "이 동네는 기러기들이 많이 살아요." 그 말을 들으며 하늘을 보니 마침 정말 많은 새떼가 하늘을 뒤덮으며 날아가고 있었다. "저게 전부 기러기예요? 정말 기러기들이 많네." 그런 나를 보면서 그가 말했다.

"한국에서 유학 온 아이들과 엄마들이 많이 사는 동네라고요. 사장님하고 다니면 경계하거나 속을까 염려하는 마음이 생기지 않아서 너무 편해서 좋아요. 보통 네트워크 사업을 하는 사람들은 속이는 것들이 있기도 하거든요. 그래서 속지 않기 위해서 경계해야 하고 마음을 놓을 수가 없는데 사장님은 큰 능력은 없을지 몰라도 믿을 수 있겠다는 것 때문에 함께하는 데 참 안심이 되고 좋아요."

이후로 우리는 뉴저지는 물론 시카고, 오하이오, 미시간까지 함께하며 고락을 함께했다. 단돈 1000원이라도 아껴야 하는 우리는 차에서 밥을 해 먹어가며 돌아다니기도 했는데, 나보다 1년 반을 늦게 시작했지만 그는 나보다 1년 이상 먼저 월 2천만 원 이상의 고소득자 그룹인 애터미 로열리더스 클럽에 입성했다.

서로가 서로를 믿고 자신을 믿으며 하나의 목표를 가지고 움직이는 것, 그것이 아름다운 결과를 가져다주었다. 그는 하위 사업자를 위해 헌신할 수 있는 사람이며, 남의 희생을 통해 자신의 성공을 꾀하지 않았다. 관계의 중요성은 어쩌면 내가 이 일을 통해 배운 전부인지도 모른다. 욕심을 드러내며 이기심을 발휘하는 능력자보다는 인성이 갖춰진 사람과 함께하는 것이 오래 함께할 수 있는 원동력이고 성공의 밑거름이 된다는 것을 나는 지금도 믿고 있다.

"일을 하고 싶은 이유는 당신 때문입니다"

해외 사업을 할 때 좋은 일만 탄탄대로로 계속됐던 것은 아니다. 나는 영어나 외국어를 하지 못하기 때문에 한국말을 할 수 있는 교민을 대상으로 시장 개척을 하는데, 2016년에는 필리핀에 머물고 있었다. 교육 사업으로 어학원을 하고 있는 분이 있었는데, 한국에서 다른 사업자들도 여러 명이 제품을 써보라고 권하기도 하고 리쿠르팅을 위해 접촉했던 분이었다. 처음에 관심이 없었던 그분은 받아놓은 제품조차 안 쓰고 있었다고 했는데 나를 몇 번 만났을 때 그는 이런 말을 해주었다.

"다른 사람과는 좀 다른 느낌을 받았습니다. 거짓이 없어 보입니다. 33년 미싱을 하다가 애터미 사업을 시작해서 10년도 안 된 사이에 월 2천만 원 소득을 올리고 있는것도 놀랍네요. 필리핀에서 30년 동안 교육사업을 그렇게 벅적지근하게 했는데 현재 수중에 가진 게 많지 않습니다. 그렇다고 연금성 소득이 들어오는 것도 아닌데 이렇게 평범한 아줌마가 성공한 걸 보니 애터미 제대로 알아보고 하겠습니다."

그렇게 보잘것없는 내 이력이 누군가에게 동기부여가 되기도 한다.

어렵게 시작했고 함께하고 싶은 사람들도 간혹은 함께할 수 없는 일들이 발생하기도 한다.

믿음과 협력이 끝까지 함께일때 서로가 아름다운 성공을 만들어내는 사업이다.

세상은 언제 어디서나 두 개의 얼굴을 가지고 있다.

내가 본 것이 어느 면이었냐에 따라 다르게 느껴질 뿐

나는 아름다운 사람도 보았고 아름다운 세상도 보았고

아름다운 성공이 뭔지도 보았다.

내가 본 그것들이 내 인생을 만들어 갈 것이다.

그래서 난 내가 본 추악함들을 모두 지워낸다.

나에겐 내가 가장 아름답고 빛나야 하는

한 번뿐인 내 인생이기 때문이다.

당신이 성공할 때까지
함께하겠습니다

　　　　　　　　　　50세까지 살아오는 동안에는
철저히 개인의 능력과 노력을 발휘해야 성공할 수 있는 것이라고
믿고 살았다. 별다른 능력도 지식도 자본도 부지런함도 없는 내가
크게 성공할 수는 없다고 생각했다. 나로서는 열심히 일하고 열심
히 저축해서 남들에게 부끄럽지 않은 삶을 사는 것이 성공이라고
생각했다. 그러던 내가 지금 모두 한마음이 되어 노력하자며 제심
합력(齊心合力)을 이야기하고 타인의 성공을 위한 나의 노력에 대해
이야기한다. 지금 내가 그렇게 살고 있고, 누군가를 열심히 돕고
마음을 함께해야 성공할 수 있는 일을 하고 있기 때문이다.

　　그런데 세상 밖에 나와 일해 보니 그렇지 않은 일이 또 어디 있

으랴 싶은 생각이 든다. 개념을 달리하고 관점이 다를 뿐 세상 사는 곳은 어디나 같다. 나는 그것을 확인시켜주기 위해 강의를 한다.

리쿠르팅을 통해 누군가 함께하고 싶은 사람이 생기면 나는 이렇게 말한다. "사장님이 성공할 때까지 함께하겠습니다. 제가 걸어온 길, 경험을 통해 사장님의 성공을 돕겠습니다." 이렇게 말하면 십중팔구는 반신반의한다. 어쩌면 안 믿는 것이다. '세상에 누가 생판 모르는 나의 성공을 위해 희생하겠어. 말도 안 돼. 그냥 꼬시느라 하는 말이겠지.' 그렇게 생각해도 무리는 아니다. 어떻게 아무 준비도 없이 그저 성공하기만 바랄 뿐인 사람을 위해 헌신하겠는가? 그것은 가족이어도 쉽지 않다.

나는 단시간에 성공한 사람이 아니기 때문에 경험만큼은 남부럽지 않게 풍부하고 다채롭다. 심지어 시작한 지 1년 동안은 수입도 없었다. 그동안의 경험을 통해 나도 함께할 사람을 선택하는 몇 가지 기준이 생겼다.

첫째, 바른 일을 구분할 수 있고 그것을 위해 뛰어들 수 있는 사람인가?

둘째, 성공하기 위해서라면 그동안 해오던 모든 일을 버릴 수 있는가?

셋째, 어디든 떠날 수 있는 자유로움으로 결단할 수 있는가?

넷째, 이기심은 잠시 접어두고 남을 위해 헌신할 수 있는 인성을 갖췄는가?

다섯째, 스스로 자신과 주변을 책임질 줄 아는 사람인가?

그래서 "성공의 도구와 기회만 된다면 남을 피해 입히지 않는 일이면 뭐든 할 수 있어요"라고 말하고 행동하는 사람은 언제든 무슨 일에서든 기회가 찾아올 것이다. 우리는 알게 모르게 타인의 성공을 돕는 일을 수없이 하면서 살아왔을 것이다. 가장 가까운 부모, 형제, 친구, 지인들에 이르기까지.

나는 그 첫 경험이 양장점 기술을 배울 때 하게 되었다.

17세 초등학교 졸업의 학력으로 내가 성공할 수 있는 크기의 일이란 내게 없어 보였다.

그때 나에게 "양장기술 배워서 양장점을 하면 고등학교 선생이랑 결혼도 할 수 있어요"라는 말을 했다. 내겐 바로 그 순간 양장점 사장과 고등학교 선생님과 결혼으로 우아한 삶을 사는 나를 그렸다. 바로 "제가 할게요"라고 말했고 그렇게 양장 기술을 배웠다. 고등학교 선생이랑 결혼은 못했지만 양장점 사장으로 몇 년간 잘 살았다. 그렇게 나를 끌고 안내해준 사람은 나의 성공을 도운 것이다.

누군가를 돕는다는 게 그렇게 어려운 일은 아니다.
그러나 꾸준한 관심과 바른 방향의 설정은 필요하다.

누군가의 성공을 위해 꾸준한 관심과 소통을 하려면 관계가
좋아야 한다.

그래서 성공의 자질로 인성을 살펴보게 된다.

사람은 무언가에 가치를 부여하고 거기에 미쳐 있을 때 가장
행복하다.

여러분은 아닌가?

아니라면 미쳐 본 적이 없어 모르는 것이라고 할 수 있겠다.

어디든 미쳐 봐라, 세상이 행복해진다.

북적북적했던 타이완의 방 3개짜리 아파트

애터미 사업은 무자본 무점포 인터넷쇼핑몰 사업이다. 네이
버, 쿠팡, 옥션에 가입할 때 돈 드는 게 아닌 것처럼 가입비도 없
고, 유지비, 진입비도 없다. 게다가 서버 구축에 나의 자본이 들어
가는 것도 아니다. 그렇기 때문에 누구나 쉽게 시작할 수 있지만
쉽게 시작할 수 있는 탓인지 많은 사람들이 쉽게 빨리 포기하기도
한다.

부정적이고 의존적이고 스스로 결단하지 못하는 사람이라면
뭔가 그만둘 수 있을 만한 핑계거리를 찾아내서 결국엔 포기하고

마는 것을 자주 목격했다. 또 누군가를 돕는다는 것이 그리 쉽지만은 않은 일이다. 꾸준한 관심과 올바른 방향 설정이 필요하기 때문에 꾸준히 소통해야 하지만, 사람들은 관계에 서툴다.

나 역시도 그렇다.

많은 사람들이 인내와 끈기들이 참 많이 부족하다는 걸 나중에야 알았다. 많은 사람들이 처음에 해외로 개척 영업을 오겠다고 할때 "적어도 1년은 있어야 한다"고 나는 못 박아둔다. 사업을 하겠다는 사람이 나와도 그가 웬만한 일은 혼자서 할 수 있을 때까지 함께 다니며 함께해줘야 하기 때문이다. 그래서 타인의 성공이 나의 성공이 되는 일이라고 말하는 것인데 사람들은 한 달을 못 견디고 집으로 돌아가기 일쑤였다. 3일, 일주일을 못 버티고 가는 사람도 많았다. 어떻게든 돌아갈 핑계를 만들어서 가버린다.

타이완에 처음 올 때는 누구나 "충분히 할 수 있어"라며 큰소리 뻥뻥 치고 오곤 했다. 그러나 지금까지 내가 봐온 바로는 40대 중에는 견디는 사람이 거의 없었다. 남편이 보고 싶고 아이들이 걱정된다며 핑계를 만들기 시작한다. 50대 이상인 사람이라면 한 달은 견디거나 두 달, 석 달까지는 견뎠지만 그 이상을 넘기는 사람이 또거의 없었다. 본인이 큰소리 치고 온 것이기 때문에 "일 못 하겠어요" 하는 말은 할 수가 없고 핑계거리가 필요하다. 현장에서 빨리빨리 일이 안 되니까 그에 대한 기대감도 떨어지고 버틸 자신은 없고 하니 "가족들도 그립고 여기서 하는 노력을 한국 가서 하면 더 잘할 것 같아요" 하면서 돌아간다.

그러다 보니 나중에는 아이가 이미 컸거나 부부가 꼭 붙어 살지 않아도 되는 사람이 아니면 해외 영업은 권하지 않게 되었다.

한 사람이 안착하는 데 1년은 걸린다

한 사람이 회원 가입을 하고 애터미 사업을 시작하면 대부분의 사람들이 '이제 일할 사람이 나왔으니까 알아서 하게 해야지'라는 식으로 일을 한다. 각자 개인사업자니까 각자 알아서 하면 될 것 같지만 세상사가 그렇지가 않다. 시작한 사람이 승급도 하고 제품 설명, 사업 설명을 능숙하게 하면서 자리를 잡을 때까지 매일 만날 수 있으면 좋다. 그렇게 하지 않고 방치해버리니까 둘 다 일을 못하게 되고 포기하고 탈락하는 사람이 생기는 것이다. 그러면 처음부터 또다시 시작해야 하는 상황도 생긴다.

일단 일을 시작해 함께 사업하기로 결정한 사람이 있다면 나의 소비자를 만들어가기 위해서 누구나 리더의 역할을 해야 한다. 두서없어 보여도 한 가지 한 가지씩 이야기하고 정보가 쌓이다 보면 어느 순간 전체가 보이면서 이해가 될 때가 있다.

개척을 다녀도 함께할 사람을 금방 만날 수도 있지만, 만날 사람을 정해두고 가는 것이 아니라면 더욱 오랜시간이 걸릴 수 있다. 책임지고 몰입할 수 있는 사람을 만들어가는 데는 얼마만큼의 시간이 지나야 할지 알 수 없는 데다가 새로운 사업자가 생겨도 그 사람을 코칭하는 데 시간이 필요하다. 따라서 자리잡게 하는 데 최소한 1년의 시간이 필요하다고 말하는 것이다. 물론 때에 따라 그 시간은 2년이 될 수도 3년이 될 수도 있다. 해외 개척이라면 1년 내내 붙어 있지 않아도 한 달은 해외에, 한 달은 국내에 번갈아 있으면서 적어도 1년은 그 사람과 함께해줘야 한다.

함께가 아니라면 살아남기 힘들다

미래 사회에는 100%의 능력을 가진 한 명보다 1%의 작은 능력을 가진 집단지성이 훨씬 큰 성공을 한다고 한다. 능력 없는 개인들은 협업하지 않으면 살아남기 힘든 사회가 될 것 같다.

애터미 안에서 제심합력은 본인라인이 아니어도 발휘될 수 있다. 애터미 사업을 결심한 후 방문판매처럼 소비자 개척을 할지, 센터를 마련하고 본격적으로 사업자 활동을 하며 사람을 모을지는 각자의 선택에 따른다. 센터를 낼 때는 회사가 정해놓은 자격 요건에 미치지 못하면 센터를 승인하지 않는다. 센터를 낸다는 것은 어쨌든 사업자가 투자를 해야하는 일이기 때문에 그 투자를 힘들어하지 않을 만큼의 자격이 있는지 보는 것이다. 즉 센터를 운영하는 데 문제없을 정도의 수입이 있고 제대로 소비자 교육을 할 수 있는 정도의 경력을 필요로 한다.

본인이 자기 사무실이 있어서 편의상 겸해서 쓰거나 본인 투자로 사무실을 열어 시작하는 것 외에 제대로 자격 요건을 갖추고 회사의 후원을 받는 센터가 전국에 많이 있다. 센터를 내는 데에는 목돈이 들어가니까, 서로 마음만 맞으면 라인에 상관없이 연합해서 얼마든지 서로의 성공을 도울 수 있는 것이다. 그런 사람들과 함께 제심합력의 힘을 발휘하는 것도 즐거운 일이었다.

아랫글은 내가 애터미 일을 시작하고 몇 달이 지나서 일기 같은 글을 써 놓은게 있어 그대로 옮겨왔다.

연합으로 몇몇 사업자들이 교대 사무실을 오픈하고 어제부터 이 센터로 출근을 한다. 그동안 사실 난 출근도 퇴근도 없는, 일은 하지만 완전한 자유를 만난 것 같아 너무나 좋았었다. 그런 말을 할 때마다 동생은 내가 우리 사업을 잘 몰라 그렇다고 빨리 출근할 수 있는 공간을 마련하고 파트너들이 모여서 같이해야 한다며 안타까워했지만 뭐 사는 동안 밥 먹고 사는 데 지장이 없고 일을 즐겁게 할 수 있으면 된다고 생각한다. 그로 인해 운 좋게도 조직이 커가면 더 좋고 아니면 그냥 내 노력한 만큼 내 사는 데 별문제 없을 만큼만 되어도 상속까지 된다니 성공적인 사업이라고 여겼었다.

어제오늘 출근을 하면서 하위에 사람들이 없다면 안 나갔으면 좋겠다는 생각으로 갔는데 오늘은 어떤 전율이 느껴졌다. 우리 제품의 우수성에 대한 자세한 비교 설명. 그걸 들으며 정말 희열을 느꼈다.

영업을 하는 사람이라면 모두가 그럴 것이란 생각을 한다.

자기 제품이 최고라는 확신이 없다면 어떻게 제품을 팔겠는가?

그러나 그 모두가 정말 제품의 우수성에 대해 희열을 느낄까?

제품의 가치에 대해 전율까지 느껴질까?

그렇게 온몸으로 전율과 희열을 느끼며 강의를 듣고 나와보니 내 파트너 언니랑 어느 중년의 대단한 미모를 지닌 분이 오셔서 미팅을 하고 계셨다. 커피를 권해봤지만 말없이 고갯짓으로 거절하시기에 자리를 떠나 있다 미팅이 끝나서 가보니 언니가 내게 말했다.

"아까 그분이 누군지 알아?"

"몰라, 누군데?"

"5공 청문회 때 의리의 오른팔로 알려진 ○○○의 처제야"
하는 거다. "대단한 미인이던데요"라고 했더니 언니는 더 예
뻐한다.

"세상에, 우리 회사의 싸디싼 제품을 가격에 상관없이 품질
알아보고 쓴단 말이지?"

상류층 사람들일수록 가격이 비싸야 좋다고 여기던 그 틀을
깨고 나오는 사람들이 자꾸만 많아지는 걸 보면 놀라운 일이
긴 하다. 이제는 최상위 계층에서 안 쓰면 이상한 일이라는
날도 오겠지. 이래서 동기 부여도 되고 열심히 할 수 있는 마
음가짐도 생기고 그래서 출근할 공간이 필요하다 했나 보다.
일을 할 적엔 특히 초보여서 배울 적엔 직장 출근하듯 출근
해서 함께하며 배우는 게 가장 빠르게 일을 알아가는 것이
다. 나 혼자 독불장군처럼 할 수 없다. 아니 그렇게 하면 성
공하기 어렵다. 서로가 합심하고 연합해서 배우고 의지하며
그렇게 서로의 성공을 위해 하나가 되면 성공은 저절로 다가
온다.

결국 태도가
전부다

 나는 몇십 년을 집안에서만 일하
며 살았던 사람이다. TV 드라마도 안 보고 뉴스도 안 보고 하루에
평균 15시간을 일하며 살았다. 그런 사람이 세상에 나와 늘상 사람
들과 부딪히다 보니까 상처투성이였다. 스스로 받는 상처가 많았
다. 세상 사람들에게 기대했던 것들이 나에게 그대로 오는 게 아니
라 반대의 결과로 돌아와 상처가 되었다. 나는 그걸 견디기가 쉽지
않았다. 애터미 일 자체는 하면 할수록 즐겁고 재밌었지만, 사람과
의 관계는 하면 할수록 힘겹고 무서웠다. 나중에는 사람을 피하다
일을 못할 지경이 되기도 했다. 마음 다스리기가 쉽지 않았다.

　누구에게나 기회가 주어지는 곳인 만큼 욕망도 크고 시기, 질

투, 오해가 많았다. 한동안 나는 능력을 발휘하고 잘 파는 사람이 있으면 어떻게든 그 사람에게 맞추려고 했고, 그러다 보니까 스스로 받는 상처가 많았다. 해외에서는 어쨌든 결과를 내려고 일을 했기 때문에 무리했던 적도 있었다. 어느 때는 '이건 너무 심하잖아' 생각되는 일들을 겪었고, 지금은 돈을 벌기 위해서 능력만 따져서 쫓아가고 싶지 않다.

직장생활하면서 그저 해야 하는 일을 하고 시키는 일을 할 적에는 내 성향이라는 게 잘 안 나온다. 그런데 애터미 사업은 각자의 스타일대로 해도 되는 환경이기 때문에 조금 더 자기 성향이 나온다. 더군다나 돈이 연결돼 있으니 욕심이나 이기심이 더 잘 드러난다. 가끔씩 사람의 밑바닥을 보게 되는 일이 있고 보니 더욱더 사람의 결을 보고 판단하게 되었다.

이제는 리쿠르팅을 할 때 기본이 갖추어진 사람인지 생각해 볼 수 있도록 충분히 시간을 갖는다. 내가 대접을 한 번 두 번 했는데 계속해서 세 번 네 번 받기만을 바라는 사람도 있었고, 자신의 형편 안에서 상대에게 받은 것에 어떻게든 보답하기 위해서 마음을 쓰는 사람도 있었다.

내가 사람을 잘못 봐서 겉보기에 정말 멀쩡하고 괜찮아 보이는데 결과가 좋지 않을 수도 있다. 사람은 자기 중심적으로 사람을 보기 때문이다. 내가 작게라도 어떤 의심이 들었다면 그게 맞을 수 있다. 이상한 건 결국 이상한 것이다. 그런데 내 상황에 맞춰서 이상한 부분을 이해하고 덮어버리는 것이다. 나에게 유리한 방향, 내가 원하는 방향으로 묻어두고 판단한다. 그리고 나중에 당했다고 한다. 그럴 때 뒤돌아서 잘 생각해 보면 그 이상하다고 느꼈던 것들이 그 사람의 진짜 모습이었던 것이다. 내가 보고 싶어하는 것만 보았을 수도 있다. 분명히 사인이 있었는데 내가 보고 싶은 것만 보다 보니까 인식하지 못하고 지나간 것이다.

이런 일들은 실제로 있다. 공부를 하든 직장생활을 하든 동료 관계에서도 있고 상사와의 관계에서도 있다. 그런 경험들이 전부 다 손해라고 생각하지는 않는다. 또 같은 일이 벌어졌을지라도 이제는 내가 원하는 또 다른 목표를 향해 가고 있다면 나를 훈련하고 단련시킨 것이라 여길 수 있다. 인간이 살면서 그런 경험을 겪을 수 있다면 빨리 겪고, 시야가 커지고 마음이 단단해져야 또 다른 일을 하기가 쉬워질 것이라고 생각한다. 그런 게 두려워서 시도조차 못하면 누구든 제자리에 머물러 있을 수밖에 없다.

사람을 보는 안목, '선한 영향력을 끼치는가'

사람은 가장 가까이에 있는 사람에게 가장 큰 영향을 받는 법이다. 선한 영향력을 끼치는 사람이 가까이 있으면 그것은 행운이다. 그러면 함께하는 시너지를 발휘할 수 있는 사람은 어떻게 고를 수 있을까.

사람의 기본은 주고받는 것에 있다고 생각한다. 그것을 무시하는 사람이 좋은 사람일 수는 없다. 가면을 쓰고 있을지라도 행동에서는 나타난다. 자기 이익 중심의 행동을 계속하는 사람은 말을 굉장히 달콤하게 하는데 행동만 보면 이기적이다.

기업에서 면접을 볼 때도 지원자의 지식보다는 태도를 본다. 그 사람이 대답하는 내용, 거기서 느껴지는 이미지는 태도가 만들어내는 것이다. 이 사람은 어떤 사람일 것이라는 걸 상상해볼 수 있게 하는 것이다. 의도적으로 나올 수도 있지만 그건 일시적일 뿐이다.

나이가 들어도 사람을 보는 안목을 갖는 건 사실 어려운 일이다. 사기꾼도 선하게 생겼거나 험악하게 생긴 사람이 아니라 아주 평범하게 생긴 사람이 많다고 한다. 악함이 눈에 보일 정도라면 하수일지도 모른다. 오래 산 사람도 보지 못하는 악함은 다른 사람도 구별 못 할 수 있다. 그래서 작정하고 사기 친다면 당할 수밖에 없는 건지도 모른다.

사람들이 힘들어하고 어려워하는 것 세 가지

일을 하면서 사람들은 처음엔 자존심이 무너질 때 가장 힘들어한다. 남들에게 인식이 안 좋은 소위 다단계 판매를 한다는 것 때문에 스스로 자존심이 상해 있는데, "너는 이런 것밖에 못하냐? 다른 직업을 찾아봐" 한다든가 어떤 상처 주는 말들을 들으면 이미 스스로 상처를 안고 시작한 일이기 때문에 무너져버린다. 거기서 스스로 자존감 있게 당당해지지 않으면 앞으로 나아가지 못한다.

사람마다 시작하는 이유가 다 다르지만 어쨌거나 경제적으로 시간적으로 자유를 얻어내자는 것이다. 여기서 대가 지불이 들어갈 수밖에 없다. 모든 걸 감수해 내겠다는 대가로 보상을 얻는 것이다. 네트워크 사업의 특성상 내가 힘들이지 않아도 내 밑에 가입돼 있는 누군가에 의해 일이 만들어지고 그걸로 내가 성공자가 될 수 있다는 가능성 때문에 나는 하는 척 흉내를 내고 진짜 열심히 하는 사람이 들어오기를 바란다. 일종의 사행심이다. 그런데 그 가능성이 없으면 또 애터미를 시작하지 않는다. 나도 솔직히 그랬던 것 같다.

실제로는 원하는 것을 얻기 위해 가만히 있어서는 안 된다. 상처 받는 상황을 누군가는 견디고 누군가는 견디지 못한다. 자유가 절실하게 그리운 사람들은 그 과정을 견뎌낼 수 있다. 그런데 진짜 힘든 것은 자존심보다는 막상 다른 데에 있다. 생각지도 못했던 일이 벌어지면 '이 꼴 저 꼴 다 본다'는 말을 하는데, 애터미 회장님은 거기에 이렇게 말씀을 하신다. "이 꼴 저 꼴만 봐서는 성공할 수 없다. 별꼴까지 다 봐야 성공한다. 이 꼴 저 꼴까지 참아줘도 별꼴은 진짜 봐주기 어려운데, 우리가 받는 수당은 꼴값이다."

사업자들이 어느 정도 일이 진행되면 팀워크를 이뤄가야 하는데, 이 부분을 또 힘들어한다. 함께 마음을 합해가는 과정을 힘들어한다. 여기서 이기심이 들어가기 때문인데, 자기 이익 중심의 일을 해버리면 팀워크가 만들어지지 않는다. 꼴 보기 싫은 상황이 벌어지는 것이다.

일을 할 때 미묘한 관계에서 사람을 끌어당길 수도 있고 밀어낼 수도 있다. '저런 사람이 하는 거면 이 일이 아무리 좋은 거라도 나는 하기 싫어'라고 상대는 생각할 수도 있는 것이다. 점점 사업자 파트너들이 생겨서 승급해 가도 인성적인 면을 갖추지 못하면 밑에서 자꾸 사람들이 그만둘 수 있다. 소개한 사람 때문에 그만두는 것이 아니라 그 위의 상위 직급 사업자 때문에 일을 그만두는 것이라면 소개한 사람은 지치고 힘들 수밖에 없다. 이런 일은 실제로 꽤 많이 있다. 이런 일이 반복되면 안착할 수가 없다. 그래서 성공한 사람들에게 별꼴까지 다 본 것이 대단하다고 인정해 주는 것이다.

사업자들이 힘들어하는 마지막 이유는 스스로에 대한 믿음 부족 때문이다. 어떤 일을 할 때, 주식 투자를 한다든지 프랜차이즈를 낸다든지 자영업을 시작할 때도 투자금이 없어서 못하기도 하지만 스스로 성공할 수 있는 확신이 없어서 못하기도 한다. 애터미 사업은 기술이나 투자금이 없어도 시작할 수 있지만 그만큼 접는 것도 쉽다는 것이 가장 큰 어려움이다. 스스로 성공에 대한 확신이 없고 성과가 있을 때까지 끝까지 밀고갈 수 있는 내면의 힘이 없다면 모두 장애가 된다. '나는 성공할 것 같지 않아'라고 생각하는 것이다.

자기확신 부족과 함께 자기인내가 부족한 것도 원인이다. 회사에 취직해 출퇴근을 할 때는 좋아서 즐거워서 한다기보다 따박따박 받아 먹는 월급을 받기 위해서인 경우가 많다. 애터미 사업에도 그런 정신이 필요하다. 하기 싫어도 하는 것이다. 강제적으로 부여되는 임무가 없기 때문에 더욱더 필요하다. 인내와 확신이 없으면 절대 성공할 수 없다.

어디선가 국민 MC 유재석의 성공비결을 분석한 걸 들은 적이 있다. 연예인들도 출퇴근하는 제약과 틀이 없기 때문에 알아서 잘 관리하지 않으면 안 된다. 너무 무리해서 몸이 망가지거나, 하나 하고 있는 것에 만족해서 그 일이 없어졌을 때를 대비하지 못하면 큰일이다. 유재석은 자신을 직장인으로 생각하고 자기관리를 했다고 한다. 글로벌 시장을 커버하지 못해서 몇 년 전 소속사를 정하기 전까지만 해도 혼자서 관리를 했다고 한다. 그는 일주일 중에 6일을 일했으며 하루는 반드시 비어두고 쉬는 시간을 확보했다고 한다. 요일마다 프로그램은 하루에 하나에만 집중했고, 아무리 섭외가 많이 들어와도 프로그램은 6개를 넘기지 않았다. 만약 프로그램이 하나 폐지됐다면 그제서야 새로운 프로그램을 늘렸다고 한다

애터미 사업을 할 때도 센터를 만들어놓고 출퇴근을 할 수도 있지만, 강제적인 것이 아니며 출퇴근을 꾸준히 한다고 월급을 받는 건 아니기 때문에 얼마든지 게을러질 수 있다.

리더의 인문학 교육

나는 사실 한자로 내 이름조차 제대로 쓰지 못하는 무식쟁이다. 그런 내가 글을 쓰며 사자성어나 고전의 구절을 인용할 수도 있게 되었다. 배움은 여러 가지 경로를 통해 이루어지지만 나는 삶의 현장에서 배워나가는 것만 잘 익혀진다. 그것도 부분부분 이해하는 것이라 전체를 명확하게 알고 있는 것은 아니지만, 생활이나 일에서 활용할 수 있는 정도다.

내가 쓰게 된 사자성어는 대부분 일터에서 이성연 박사님의 인문학 교육을 통해서 배운 것들이다. 유비가 제갈공명을 삼고초려로 맞았듯이 모셔온 분이라고 들었다. 박사님은 매해 '올해의 사자성어'를 선정해 사업자들을 교육시키고 있다.

　　어느 날부터인가 세미나장에서 육군사관학교와 3사관학교에서 수십 년간 경제학을 가르친 박사님께서 인문학과 경제학 강의를 시작했다. 그렇게 수준 높은 강의를 민망한 수준의 내 배움과 지식으로도 쏙쏙 알아듣기 쉽게 말씀해 주시는 덕분에 나는 마구마구 격이 올라가는 느낌이었다. 나뿐만 아니라 박사학위가 있는 사람들도 박사님 강의를 들으러 일부러 세미나에 오는 사람들까지 생겼을 정도다.

　　나처럼 못 배우고 못 벌고 못 사는 사람들만 뛰어드는 일이 아니라 고위직 공무원도 할 수 있는 일이 되게 만들어 프라이드를 높이자고 하신다. 인격적으로 문화적으로 성숙한 사람들은 돈을 아무리 많이 번다고 해도 저급한 문화 속으로는 들어오지 않기 때문에 고급 문화를 만들고 신사 숙녀가 되어 프라이드를 높이는 문화를 만들어 가고 있다.

　　나는 이런 애터미를 선택하고 인문학 교육을 통해 내 인격까지 함께 성장해 나가는 것이 무척 행복하다.

윤리방정식으로 살아라

얼마 전 고양시 화정에 있는 간이터미널로 전주행 버스를 타기 위해 시간만 검색해 보고 갔다. 매표소 앞에는 공사로 매표소 중단되었으니 카드결제로 탑승하라고 되어있었다. 차에 타서 카드결제를 하려니까 카드 2장이 다 먹히질 않는다. 기사님은 종종 그런다면서 현금도 받을 수 없으니 다른 터미널을 이용하란다.

당시 저녁 7시쯤이었는데 버스는 2시간에 한 대밖에 없었다. 이 밤에 대체 어디로 다시 가서 버스를 타란 말인가. 입금해주면 안 되느냐고 떼쓰듯 묻고 있는데 뒤에 앉아계시던 젊은 남자분이 자기 카드로 결제하고 현금 달란다. 얼마나 감사하던지 구세주 같았다.

전주에 도착한 후 급히 집에 들어가시지 않아도 되면 식사하고 가시라고 했다. 휴게소에서 내리지도 않았으니 저녁을 안 먹었을 거였다. 그렇게 물으니 "선뜻 그럴까요?" 한다.

터미널 안에는 문을 다 닫은 상태라 주변 식당으로 가면서 "어디 사세요?" 했더니 파주 사는데 일 끝나고 순창 처가집으로 여름 피서를 왔는데 막차가 끊겨서 아침에 가야 해서 저녁을 먹고 자러 갈 거란다.

남자분과 함께 식사를 하기 전 현재 나와 애터미 사업을 같이 하고 있는 어릴 적 동네 친구에게 전화를 했다.

"뭐해? 나올 수 있어? 남편한테 괜찮으면 잠시 순창 갔다 오자."

친구는 잠시 망설이더니 우리가 밥 먹는 동안 나와주었다. 밥을 다 먹고 난 후 자꾸만 사양하는 사람에게 아까 카드 대신 끊어주지 않으면 난 오늘 못 왔을 거라면서 태워다 주었다. 친구가 오면서 말했다.

"네가 이런 사람인 건 알았지만 대단하다. 아무 대가 없이 나까지 불러 도와주고. 이러니 성공을 했지. 나도 많이 배울게."

누구에게 보여주기 위한 건 아니었다. 나 역시 차 없이 객지로 해외로 많이 돌아다니다 보면 갑작스런 상황들로 난처할 때 이런 도움을 받는다면 절대 잊히지 않고 내 마음에 세상에 대한 믿음과 사람에 대한 기대가 생길 것이다. 그런 세상에 살아야 하잖은가. 이 또한 윤리방정식이라 여긴다.

책임질 수 있는
리더가 당당하다

　　　　　　　　　　　　　내가 강단에 서면 가장 많이 하
는 이야기는 태도와 함께 책임이 있다는 것이다. 애터미에서는 성
공한 리더들을 애터미 리더스 로열, 크라운 클럽으로 구분하고 있
지만 그것은 단지 편리상 구분하는 것일 뿐이고 애터미 내에서 하
위 라인에 한두 명 사업하는 파트너들이 생겼을 때 이끌고 나가는
사람을 모두 '리더'라고 이야기한다.

　그런데 스스로 리더라고 생각하며 일을 시작하는 사람들은 많
지 않은 것 같다. 같은 일을 하면서도 하위 라인에 한 사람이 있든
두 사람이 있든, 1천 명이 있든 1만 명이 있든 자신이 리더라고 생
각하고 일하는 사람의 책임감은 다르다. 이 점을 생각하지 않고

일하는 사람과 이것을 충분히 생각하고 자신의 행동을 여기에 맞추는 사람들을 비교해 보면, 일의 진행 방법이나 성공 방식이 다르다.

책임의식이 없으면 자꾸 일을 미루다가 관계가 틀어지기도 한다. 책임의식이 있는 사람은 상대방에 대한 책임으로 안 해도 될 일도 한다. 책임감이 없으면 어떤 일이 발생했을 때 내 탓이 아니라 네 탓이라고 한다. 리더들은 큰일이든 작은 일이든 내가 책임질 일이라 생각하고 '어떻게' 해결할 수 있을지 생각하고 행동한다.

물은 스스로 낮은 곳을 선택할 줄 안다

이성연 박사님이 리더의 자질에 대해 이야기하신 것 중에서 상선약수(上善若水)는 최고의 설명이라는 생각이 든다. 노자의 『도덕경』 제8장에서 최고의 선은 물과 같다고 한다.

물은 만물을 이롭게 하는 데 뛰어나지만, 다투지 않고 모든 사람이 싫어하는 곳에 머문다. 물은 본연의 성질대로 위에서 아래로 흐르면서 막히면 돌아가고 기꺼이 낮은 곳에 머문다. 따라서 도가 사상에서 물은 세상에서 으뜸가는 선(善)의 표본으로 여긴다. 물은 둥근 그릇에 담으면 둥글고, 네모난 그릇에 담으면 네모나다.

그렇듯 늘 변화에 능동적인 유연성을 지니며, 모든 생명 있는 것들을 유익하게 해주면서 그 자신은 어떤 상대와도 이익을 다투지 않는 성질을 지녔기 때문에 가장 이상적으로 여긴다는 것이다. 다른 사람을 이롭게 하고 도와주는 것에 아낌이 없으며 자기를 주장하는 데 급급하지 않고 어떤 상황에도 능동적으로 대처하는 삶의 자세를 지녔다. 따라서 리더는 물과 같아야 한다는 것이다.

SNS에 떠도는 글인데 물이 지닌 덕목으로 일곱 가지를 정리해 놓은 것이 있다. 낮은 곳으로 흐르는 '겸손', 막히면 돌아가는 '지혜', 구정물까지 받아주는 '포용력', 어떤 그릇에도 담기는 '융통성', 바위도 뚫는 '인내'와 '끈기', 장엄한 폭포처럼 투신하는 '용기', 유유히 흘러 바다를 이루는 '대의(大義)'가 그것이다. 출처가 없어서 누가 정리한 것인지는 모르겠지만, 나의 생각을 잘 대변해 주는 것 같다.

리더의 자질, 포용력과 인내

내가 강의에서 자주 이야기하는 리더의 자질은 포용력, 인내심, 책임감의 세 가지다.

우선 책임감이 없으면 조직간에 불협화음이 있다. 각자는 개인의 성공을 목표로 일을 시작하지만, 팀 전체가 성공하는 모습으로 나아가는가, 나만 성공하는 사람으로 돋보이길 바라는가, 두 관점에 따라 결과를 가져오는 데 차이가 많이 난다. 이기적인 행동, 책임 회피적인 행동 때문에 하위 라인 파트너들이 반발하고, 정말 작은 것에서부터 협력되지 않는 부분들이 나온다.

리더가 되기 위해서는 포용력도 갖춰야 한다. 어쨌든 이 꼴 저 꼴 보면서 견디다 보면 각자 다름을 인정하는 이해심과 포용력이 생긴다. 티내지 않고 어떻게 하면 빨리 해결할 수 있을까 생각해 내는 쪽으로 노력하는 것이다. 그럴 때 독선적으로 가는 사람도 있지만 교육을 통해 나를 변화시키기 위한 노력을 한번쯤 시도해 보기도 한다. 정말 꼴 보기 싫은 사람이 있지만 "큰 마음을 품어라", "낮은 곳에서 섬겨라"는 교육을 듣다 보면 '한번 해볼게' 하는 마음으로 따라해 보는 것이다. 그러다 보면 조금씩 여유로워지고 통이 커지기도 한다.

또 리더는 인내심을 가져야 한다. 각자 사업자가 갖춰야 할 것이 근성과 끈기라면 리더는 인내심을 가지고 개인의 성장을 응원하는 아량을 지녀야 한다.

이 세 가지를 갖추고 있다면 애터미 내에서 성공하지 못할 사람은 없을 것이다.

아주 오래 전에 누군가 나에게 물었다. 사랑이 무엇이냐고. 그때 내가 했던 대답은 "측은지심"이었다. 내 사랑은 항상 측은지심에서 시작되었던 것 같다.

내 어릴 적 엄마의 모습은 늘 힘들고 고달팠다. 나는 그런 엄마가 불쌍하고 보기 싫었다. 빨리 커서 돈을 벌어 엄마의 짐을 덜어주고 싶었다. 그래서 초등학교를 졸업하고 중학교 진학을 포기했다. 공장에 들어가고 월급을 타서 엄마에게 갖다 드리는 게 뿌듯했다. 내가 사랑하는 사람의 짐을 덜어줄 수 있고 힘이 되어줄 수 있고, 거기다가 내가 벌어서 내 미래를 계획한다는 게 너무나 자랑스러웠다. 나는 지금도 내가 누군가의 짐이 되지 않고 내 스스로 미래를 준비해 가는 당당한 아줌마라는 게 좋다.

나는 죽을 때까지 일을 하며 살고 싶다. 그것은 먼저 나를 위한 일이기도 하지만 내가 사랑하는 가족들을 위한 일이기도 하다. 내가 연봉 1억 원 이상의 소득을 올리기 시작한 후 어느 날 아들이 이런 말을 했다.

"엄마, 전에는 내 삶 플러스 엄마 노후까지 책임을 지려면 어떤 걸 해야 될까 생각했는데 지금은 그 걱정을 안 해도 돼서 좋아. 이제는 내가 진짜 내 인생에서 필요한, 내가 하고 싶은 일을 마음대로 할 수 있다는 것 때문에 더 기뻐."

이 말이 나에게는 내가 성공한 것의 가장 큰 보람이 되었다. 나를 위해서 살기보다 자식을 위해서 사는 엄마로서의 삶을 충족한 것 같다. 아들은 결혼 12년 만에 시험관 아기로 어렵게 낳은 아이였다. 애터미를 통해서 경제적으로 여유로워질 때까지 아들에게 변변히 지원해준 것이 없었다. 그래도 너무나 갖고 싶었던 아이에게 엄마가 짐이었다는 것은 솔직히 전혀 생각하지 못했다. 전에는 한 번도 그런 표현을 하지 않았던 아이가 엄마가 성공자의 위치에 오르자 그런 말을 했던 것이라 너무 기쁘고 엄마로서 자랑스러웠다.

생각해 보니 그때까지 아들은 자신이 어떻게 공부를 해서 어떤 직업을 가져야 이렇게 고생만 하는 엄마의 노후를 편하게 해줄 수 있을까 생각하면서 그걸 기준으로 꿈 이야기도 하고 대화도 했던 것 같다. 그런데 이제 상황이 변해서 아들의 생각에도 변화가 생긴 것이다. 엄마의 노후에 대한 책임에서 자유로워지고 아들이 자신의 진로 고민에서 벗어났다고 생각하니까 그 점이 그렇게 좋을 수가 없다. 그동안 겪었던 수많은 거절과 실패의 기억까지도 모두 소중해진다.

내 안에 있는
크고 작은
자부심을 깨워라

<h1 style="text-align:right">나는 노력할
준비가 되어 있는가</h1>

 나는 '여자 혼자 떠나는 여행'이
라는 카페 회원이다. 삶이 너무 힘겨웠던 시절 여행은 다니고 싶
은데 혼자 가기는 무섭고 해서 같이 갈 동행자를 찾고 정보를 얻
으려고 가입했던, 여자들만 가입할 수 있는 온라인 카페다.

얼마 전의 일이다. 해외를 돌아다니면서 일하다 보니 그 카페
를 잊고 살았는데, 우연히 나의 예전 글을 보고 보내온 어느 분의
쪽지를 나중에서야 확인하고 들어가보게 되었다. 나는 며칠 후 다
녀올 방콕 일정에서 누군가 말동무 삼아 같이 갈 동행을 구하는
글을 올렸는데, 내가 일을 하는 동안은 혼자 다녀야 하고 코를 곯
아도 괜찮은 분을 구한다고 했다. 예민한 분은 피해 달라는 별로

좋지 않은 조건이었는데도 동행자가 나왔다. 여행을 나보다도 더 즐기는 분 같았고 마지막으로 가고 싶은 곳이 아프리카와 중남미라고 해서 나는 2018년 초에 다녀온 여행 사진을 몇 장 올렸다.

참 많은 댓글들이 달렸는데 주로 두려워서 시도하기가 겁난다며 부럽다는 내용들이었다. 그런데 다른 분들의 글들을 살펴보다가 어느 제목을 보고 나는 깜짝 놀라고 말았다.

"작은 일이라도 하고 싶어요."

준비되지 않은 사람에게 기회는 오지 않는다

그 사람에게 작은 일이란 어떤 것일까 싶었다. 본문 내용은 아르바이트 자리라도 구하고 싶다는 것이었는데, 이런저런 댓글이 달려 있었다.

"무슨 일을 할까가 문제지요. 혹시 힘 안 들이고 쉽게 하는 자리를 찾으시는 건 아닌지요? 제가 근무하는 곳은 직원을 못 구해서 도우미로 연명을 합니다. 힘은 들지만 더위에 땀 흠뻑 흘리고 나면 잠도 잘 오고 잡념도 없어져요. 벼룩시장 들어가보세요."

"요즘 식당 주방 홀에 대학생 알바생들이 몰리고, 베이비 시터도 대졸을 찾습니다. 이젠 정말 직업에 귀천이 없다는 말이 실감

날 정도로 직업난이 심각해요. 겉모습 좋은 직업, 그런 거 찾기 어렵고 내 장사 투자해도 열 집이면 성공하는 집 몇 안 돼요."

어쩌면 이게 우리 사회의 현 상황 아닐까. 큰 걸 원하는 것도 아니고 작은 일이라도 원하는 거라면 그냥 하면 그만일 것을, 그녀는 무엇을 주저하고 있었던 것일까. 건강에 문제가 있나? 아니면 힘든 일이 문제가 아니었을까.

돈이 있어서 투자를 해도 성공하기가 힘든 세상이다. 그래도 세상엔 길이 있다. 시대가 요구하는 일이면서 내가 잘할 수 있는 일이 무엇인지 무조건 부딪혀서 정보부터 찾아야 한다. 내가 잘할 수 있어도 시대가 요구하지 않는 일이라면 과감히 버려라. 스스로에게 물어보라. '나는 얼만큼 노력할 준비가 되어 있는가?' 세상은 어떤 일에도 준비되지 않은 사람에게 성공을 안겨다주지 않는다.

일을 선택할 때는 이것을 통해서 내가 얻어야 하는 것이 무엇인지부터 생각해야 한다. 하다못해 알바를 해도 그 일을 통해서 나는 또 다른 어떤 일을 준비할 것이라는 것이 정해져 있다면 그 일이 지겹지만은 않을 것이다. 그렇게 목표가 정해지면 일하는 모습도 달라진다. 내가 배우고 갖춰야 할 것이 많아서 불평불만을 할 시간이 없을 것이다.

그러나 내가 본 많은 사람들이 생계를 위해 마지못해 일을 하느라 하루 하루가 힘들다. 그러니 일할 게 없다는 것 아닐까.

오랜 시간 품고 있던 꿈이 있는가?

당신의 꿈은 무엇인가? 무엇이 됐든 10년 이상 변함없이 품고 있는 무언가가 있는가? 누군가 "꿈이 뭐예요?"라고 물었을 때 1초 만에 바로 입에서 튀어나오는 대답이 있는가? 그런 게 없다면 당신은 분명한 꿈이 없는 것이다. 희망 사항이나 바람들만 많을지도 모르겠다.

나는 어릴 적 동화책이 읽고 싶었지만, 집에는 책 한 권 제대로 있었던 기억이 없다. 초등학교 4학년 이후로 매주마다 한 번 정도 특별활동시간이라는 것이 있었다. 이를테면 문예부, 탁구부, 서예부, 미술부 등 아이들 특성에 맞는 활동들을 장려하기 위해서 주중 1시간씩 활동을 하게 했다. 그때 내가 택한 건 독서부였다. 그 시간만이라도 책을 읽고 싶었다. 그것이 계기가 되었는지, 어느 날부터 누군가 내게 꿈을 물으면 "작가가 되고 싶어요"라고 말했다.

『알프스의 소녀 하이디』를 읽을 때는 내 꿈이 알프스에 가는 것이었다. 눈 덮인 설산 아래 작은 야생화, 그리고 하이디와 양치기 소년을 만나보고 싶었다. 책에 그려졌던 그 풍경들은 지금도 나를 설레게 한다. 나는 전 세계를 여행하며 살고 싶었다. 그래서인지 나는 한 번도 내 꿈을 "부자가 되고 싶어요"라고 말한 기억이 없다. 막연하게 나도 부자로 살고 싶다는 생각은 했지만 구체적으로 어떻게 해야 부자가 되는지 알지 못했고 자신도 없었기 때문에 간절하게 부자가 되겠다고 말한 적이 없었다.

지금도 부자가 꿈은 아니다. 다만 내가 원하는 삶을 살고 싶다. 애터미 사업을 시작할 때도 그런 이유에서였다. 부자가 되겠다고 결심한 건 아니지만 나름대로 계산을 해보았다. 그렇게 열심히 미싱을 돌려도 한 달 수입은 200만 원대였다. 그걸 위해 내가 일하는 시간은 하루 12~15시간이었다. 만약 10년 후에 내가 한 달에 200만~300만 원을 번다면 부자가 되는 건 아니지만 기초생활이 해결되는 것이었다. 건강한 생활이 유지되는 한 나에게는 노후가 해결되는 것이었다. 사실 지금도 부자는 아니지만 막연함이 없어졌다는 게 다르다면 다른 점이다. 지금은 어떻게 하면 부자가 될지 구체적으로 계획을 세울 수 있다.

나는 17세에 양장점에서 기술을 배우기 시작하여 50이 될 때까지 옷 만드는 일을 하고 살았다. 30여 년을 집안에서만 지냈으니 내 꿈과는 반대 방향으로 직업을 선택했다는 이야기다. 1970년대 양장점은 아침 9시 출근하면 밤 10시에 끝났다. 그나마도 정상 근무일 때였고 바쁘면 날밤을 새워 일하는 것이 예삿일이었고, 퇴근하고 집에 와서 잠자리에 들면 보통 밤 12시였다. 한 달에 두 번 일요일에만 쉬는 것이 보통이었고, 그렇게 미혼 시절을 양장점 안에서 다 보내버렸다. 결혼을 하고 나는 또 잠자는 시간도 아깝

도록 일을 했다. 작은 방 하나를 작업실로 삼아 밤 12시가 되어야 일을 마치는 그런 생활을 이어갔다.

그러다가 아들이 태어났고, 난 아들을 통해 내 꿈을 이루고 싶었다.

"아들, 넌 외교관 해라. 엄마 해외 좀 따라다녀 보게."

"아들, 너 여행사 해라. 엄마 해외여행 많이 하게."

"아들, 너 여행 가이드라도 해라. 엄마 해외여행 좀 다녀보게."

점점 나는 아들을 통해서도 내 꿈을 이루기 힘들 거라고 포기하게 되었다. 내 삶에 기회가 찾아오기 전까지. 그때가 2009년, 내 나이 50일 때의 일이었다. 속리산 1박 2일 석세스 아카데미에서 친구를 기다리는 동안 잠시 앉아 있게 된 그 자리에서 내 귀를 번쩍 뜨이게 한 한마디가 있었다.

"우리 회사는 앞으로 전 세계를 향해 나갈 것입니다."

'뭐라고? 이 일을 하면 앞으로 전 세계를 다니면서 일할 수 있다고? 그럼 전 세계 여행을 하면서 돈도 벌 수 있잖아. 여행 경비는 일을 해서 돈을 벌면 되겠네.'

그러나 내가 과연 이 일을 할 수 있을까 의구심이 일었다.

'정말 나 같은 사람도 할 수 있을까? 안 될 건 뭐야, 다른 사람들도 다 하잖아. 나도 할 수 있어. 일단 해보는 거야. 5년이든 10년이든 될 때까지 하면 되잖아. 큰돈을 벌 정도는 아닐지 몰라도

내 꿈인 전 세계 여행은 이룰 수 있잖아.'

나는 점점 희망을 품기 시작했다. 희망이 생기니까 힘든 일도 견뎌낼 수 있었다. 세상에 맘만 먹으면 못할 일이 뭐란 말인가? 왜 난 알지 못했을까. 모든 건 맘먹기 나름이라는 걸. 생각한 대로 마음먹을 수 있고, 맘먹은 대로 몸이 움직인다는 걸. 지금 나는 1년이면 적어도 5개국 이상을 다니면서 산다. 일도 하고 여행도 하면서 말이다. 내가 원하던 삶을 살고 있는 것이다.

내가 애터미를 시작했던 50년 인생을 살아오는 동안 내 일상이나 생활속에서 난 감히 자아실현이라는 거창한 단어를 떠올리거나 입에 담아 대화를 해본 적이 없었다.

너무 일찍 어린 나이부터 독립적으로 살아왔지만 그것은 그저 내 삶을 책임지기 위한 노력이었을 뿐이니까.

그런데 고2 아들은 이억만 리 미국까지 영어 한마디 못하면서 성공하겠다고 집을 떠난 내게 자아실현이라는 말을 했다. 나는 내 노후를 책임지고 우리 가족의 미래를 위해 내가 할 수 있는, 아니 일을 할 수밖에 없는 환경으로 내몰렸지만 그 결과들이 만들어지기 시작하면서 남편도 아이도 나를 대하고 생각하는 게 달라졌다. 모두가 나를 미쳤다고 어떻게 고등학교 수험생 아들을 팽개치고 그 머나먼 미국에 가서 돈 번다고 떠돌아 다니냐고 했지만 아들만큼은 나를 자아실현을 해낸 훌륭한 엄마로 생각하고 있다고 내게 칭찬과 용기를 주었다. 그 메일 한 통이 나를 신나게 했다. 무엇이 힘든 건지도 알 수 없게 했다. 내가 해야 하는 모든 일들을 책임지게 하는 사람으로 만들었다. 나를 그렇게 용기 나고 열심히 일 하게 한 아들이 보내준 축하 메일에 담긴 내용은 이랬다.

엄마가 고생한 보람이 있게 돼서
우선 팀장이 된 걸 정말 축하해
내가 어제 읽은 책 내용인데 한번 읽어봐
우리 사회에는 직업을 갖은 사람들은 세 분류로 정의할 수 있대.
'자아실현과 생존을 모두 얻은 축복 받은 사람,
생존을 위해 자아실현을 포기할 수밖에 없는 사람
또는, 생존에만 매달려 자아실현은 뒷전인 사람' 이렇게.

나는 우리 엄마가 축복받은 사람이 된 것 같아서 너무 기뻐.
몇 년 전까지만 해도 두 번째 분류에 속해있지 않았을까 생각이 드는데
성공할지 안 할지 모르는 이 일을 위해 엄마가 하던 일을 포기하는 그 용기,
정말 아무나 갖지 못하는 걸 거야.

엄마는 대단한 사람이고 그 누구에게도 지지 않을 사람이니까

앞으로도 더 열심히 노력하면서 사는 모습 내게 보여줬으면

좋겠어.

그리고 엄마한테 하나 해주고 싶은 말이 있어.

엄마도 아직 늦지 않았다는 걸.

지금 살아가는 엄마의 삶은 어제껏 살아왔던 삶과 다르듯이

항상 도전하고 그 도전을 성공해 나아가는 삶을 계속 살아갔

으면 좋겠어.

그러기 위해서는 내가 아닌 엄마를 먼저 생각하고 엄마를 위

해 살아가야 해.

엄마가 있어야 내가 있는 것이니까.

항상 말하지 엄마가 나에게

영어를 공부해 두라고.

나도 엄마에게 말할게

아직 늦지 않았다고. 엄마는 할 수 있을 거라고.

2010년 아들이 보낸 이 메일은 아직도 내 메일함에서 간직되어 이렇게 책으로 옮겨질 만큼 나에게 많은 힘을 주고 있다.

같은 시간 같은 일을 하면서 아직 성공하지 못한 많은 사람들을 보면서 나는 가끔 생각해 본다. 너무 핑계가 많구나. 너무 편하

게 살려고 하는구나. 가족을 위해 희생하기보다 희생 받길 원하는구나.

내가 태어난 후 어려웠던 60~70년대까지는 누구나 고생을 낙처럼 여기며 살았던 시절이다. 가족을 위해 고생하는 것쯤 당연하고 희생도 기꺼이 감수하고 그렇게 가족애를 다지면서 살아왔다. 요즘은 가족 간에도 희생을 잘하려 하지 않는다.

어떻게 하면 부모의 덕으로 형제의 베풂으로 부부간엔 배우자의 희생으로 내가 편히 살 수 있을까란 생각을 많이 하는 것 같다.

나는 내가 가족을 위해 희생했다고 생각하지는 않는다. 그냥 내 삶을 우리의 삶을 안정적이고 좀 더 풍요롭게 만들고 싶어 노력했을 뿐이다. 그런데 내 아들은 그런 엄마의 모습을 통해 자율적이고 도전적인 정신을 배운 듯하다. 언젠가 아들이 내게 말했다.

"엄마, 난 엄마 사는 것 보니까 뭐든 열심히 하면 성공할 수 있을 것 같아. 난 엄마 아들인데 맘먹으면 못할 게 있겠어. 그러니 내 걱정은 하지 말고 엄마 건강만 지키면서 엄마를 위한 삶을 살아. 그게 나를 행복하게 하는 거야."

그 말을 들으면서 가슴이 벅차올랐다. 내 아들이 이렇게 스스로 자기를 책임지려 하는 아이로 자랐구나, 어디서 무슨 일을 해도 걱정 안 해도 되겠구나. 지금 난 아들 걱정은 전혀 하지 않고 산다. 그것이 아들에 대한 내 신뢰고 사랑이다.

몰입하려면
핑곗거리부터 없애버려라

 하루하루를 살다 보면 어느 순간 거울 앞에 비친 내 모습을 보며 당황스럽고 놀랄 때가 있다. 어느새 내 머리가 이렇게 반백이 되었는지. 마음은 아직도 이팔청춘인데 세월이 언제 이렇듯 제 마음대로 달려왔는지 모르겠다.

어느 때부터인가 나를 찾는 일에 관심을 갖게 되었다. 나를 되돌아보는 일에서 시작해 나의 미래의 모습까지 그려보니 절망뿐이던 과거 속에서 희망을 잡고 달려온 길마다 눈물의 흔적이 남아 있지만 지금 나는 이렇게 활짝 웃을 수 있다.

이제는 나와 함께 미래로 나아갈 그 누군가와 손을 잡고 마음을 다하겠다는 약속의 밀들도 곧이 필요치 않음이 감사할 뿐이다.

약속이란 건 참 많은 희생을 강요당하기도 한다. 내 성공보다 파트너의 성공이 더 간절했던 시간들. 이제는 결혼해서 분가한 자식들마냥 내 품을 벗어난 파트너들을 보며 홀가분한 자유가 행복하면서도 그립다.

성공을 꿈꾸며 사람들은 "성공할 때까지 함께하겠다"며 자유를 저당 잡힌 약속을 한다. 하지만 많은 사람들이 약속은 잘하는데 대가 지불을 안 하려고 한다. 그래서 약속이 깨지고 또 깨지면서 성공도 멀어져 가는데 어떤 일이건 반복되는 경험에서는 경륜이란 게 쌓인다. 사람을 상대로 일을 하다 보면 사람이 보이기 시작하고 그러면 아무하고나 나를 희생시킬 약속은 안 하게 된다.

성공자의 자리에 올라 경제적으로 조금씩 여유로워지고 시간으로부터 자유로워지면 나를 위한 투자를 하게 된다. 교양도 갖추고 싶고 그래서 누가 봐도 품격있는 사람으로 인정받고 싶어진다. 경제적으로 힘들 땐 누가 뭐라든지 돈만 벌면 좋겠다고 생각하지만, 돈과 시간이 생기면 나를 위한 투자와 품격있는 삶을 살기 위한 준비들을 하게 된다. 좋은 차, 좋은 집, 좋은 환경, 좋은 취미, 좋은 친구. 갖춰야 할 것들이 너무 많다.

혹시 성공한 사람들 중에 겁쟁이를 본 적이 있는가? 아마 원래 겁쟁이였던 사람들도 어떤 분야에서건 성공을 이루면 자신도 모르는 사이 당당한 사람으로 변해 있을 것이다. 내 안에 있는 크고 작은 자부심들이 절대 겁쟁이를 허용치 않을 테니까.

나 역시 그랬다. 배운 것 없고 가진 것 없고 생긴 것까지 잘나지 못했으니 세상의 모든 일들이 무서웠다. 속을까 무섭고. 손해날까 무섭고 아플까 무섭고. 그래서 조심 또 조심 겁쟁이로 살았다. 그런데 겁쟁이로 살면 내 삶이 바뀔까? 나는 아닐 거라고 생각한다. 내 삶이 그렇게 말한다. 조심은 하되 겁은 먹지 말아야 한다. 그래야 언제 어느 곳 어느 일에서든지 성공의 기회도 엿볼 수 있다.

기회가 오면 잡아라

오십이란 나이가 되니 내 미래가 무서웠다.

그때 나는 노후에 대해 생각하고 있었다. 33년간 봉제 일을 해왔지만 나이 50에 노후를 생각하니 앞이 막막했다. 나이가 들수록 신체적으로는 노쇠해질 것이고, 건강상의 이유로 언제가 될지 몰라도 언젠가는 결국 봉제 일을 못하게 될 텐데 그땐 어떻게 긴긴 노후에 생활비를 마련하며 살아갈 수 있을까.

이미 그때 70대 중반을 넘으신 친정 엄마도 시어머님도 노후가 자식들에 의해 좌지우지되고 있었다. 친정 엄마는 노후 보험이라 생각했던 아들이 사업으로 어려워지자 아들의 빚까지 책임져야 하는 지옥 같은 노후를 보내고 계셨고 시어머님은 건강상의 이유로 자식들이 십시일반 드리는 용돈으로 연명하고 계셨다. 두 분을 보면 내 노후가 그려졌다. 답답했다. 노후를 위해 젊음도 저당 잡혀가며 일만 해왔는데 젊음도 가고 노후도 불안했다. 잘못 살아왔다는 생각에 편치 않았다.

그러나 기회는 항상 사람을 통해서 오는 법이다. 내가 열심히 찾아다니다 만날 수도 있지만, 우연히 어느 순간 딱 마주쳤을 때 '이거야'라는 강력한 느낌이 올 때가 있다. 사람들은 그 순간 '내가 할 수 있는가, 없는가'를 따지지만 그 전에 파악해 봐야 한다. 기회를 털어버리기 전에 합법적이고 합리적인 생각이라면 무한대의 능력을 끌어낼 자신이 있는지 들여다봐야 한다. 다시 생각해보니 끌어올린 자신감이 무서워졌거나 그 노력을 기울이기가 힘들고 귀찮아서 기회를 털어버리는 것일 뿐이다.

결단하고 배수진을 치다

우연히 듣게 된 생필품 유통사업. 절대품질에 절대가격. 최상의 품질이지만 가격은 할인마트와 견주어도 경쟁력이 있는 제품들. 품질은 좋고 가격은 싸다면 소비자들은 몰려올 것이었다. 글로벌 시장으로 갈 거란다. 가입비도 없고 유지비도 없는 순수한 인터넷 쇼핑몰이지만, 내가 소개한 두 명으로 인해 내 밑으로 계속해서 가입되는 네트워크 사업. 어느 나라 누군지도 알 수 없는 사람들로 연결되면서 월 5천만 원 이상의 수당을 벌 수 있는 사업. 지금 생각해도 꿈같은 이야기다. 그런데 나는 그 꿈이 현실이 될 것이라 생각했고 33년간 해오던 봉제 일을 바로 끝내 버렸다.

우선 집안에서 작업실로 쓰는 방을 완전히 비워버렸다. 그 안의 작업도구들을 전부 처분했다. 평생 할 일이라며 새 미싱으로 바꾼 지 얼마 안 됐지만 그것도 팔았고, 오버록도 팔았다. 다림판도 고물상에 줘버렸고, 모든 걸 없애버렸다.

이유는 간단했다. 나는 영업이 제일 어려운 일이라고 생각해 왔던 사람이다. 영업을 해서 돈 버는 사람들이 제일 불쌍하다는 생각을 해왔고, 사람 만날 일 없는 집에서 혼자 봉제하는 일에 만족해하며 살아왔으니 영업을 절대 잘할 수 없을 거라고 생각했다. 조금 해보다가 힘들다고 해서 다시 봉제 일로 돌아올 수 없도록 모든 걸 없앤 것이다.

최선의 선택을 하고 곧바로 행동하라

그리고 나서 나는 그동안 내게 봉제 일을 대주던 사장님께 아무리 바빠도 더 이상 일을 주지 말아 달라고 부탁했다. 난 잘하지 못하는 이 일로 성공해야 하는데, 잘 못하는 일에 힘겨워할 때 익숙해서 잘하는 봉제 일을 부탁하면 마지못한 듯 다시 그 일을 하게 될 것 같았다. 그것이 결국 나를 살리는 길이라고 간곡히 부탁했던 것이다.

그렇게 1년이 지났지만 나는 내 차비도 벌지 못하는 능력 없고 형편없는 사람으로 주위 사업자로부터 인정받지 못하고 무시당하며 지냈다. 2010년 해외 첫 시장으로 미국 법인이 오픈한다는 이야기를 들었을 때 나는 가슴이 두근거리기 시작했다. 망설이고 있을 수 없었다. 평생 꿈에 그리던 나라였다. 영업에 자신도 없으면서 이 일을 시작했던 이유는 전 세계를 다니고자 하는 열망 때문이었다. 나도 가야만 했다. 그렇게 나는 2010년에만 미국으로 4번을 갔다. 한 번 가면 무비자 기간인 3개월을 채우고 오곤 했다.

그것은 결국 내 인생에서 가장 잘한 일이 되었다. 그 결단으로 나는 노후가 평생 보장되고 있다. 회사가 망하지 않는 한 말이다. 회사는 세계 어디서든 소비자 이익 중심으로 운영되고 있으니 회사가 망할 일은 나 죽기 전엔 없을 듯하다.

세상에 못할 일은 없다. 결단하고 노력한 만큼 빨리 익숙해질 수 있고, 익숙해지면 즐거워지고, 즐거워지면 잘하게 되고, 잘하게 되면 성공하게 되어 있다.

내가 영어 한마디 못 하면서 미국에 가서 일을 아주 잘 하고 왔다고 칭찬하는 말들이 회사에서 공공연히 전해지자, 사람들은 나의 성과만 부러워했다. 그러나 비슷한 성과를 내려면 어떤 과정을 거쳤는지 알아야 하는 게 아닐까. 당시 내 안에는 두려움이 가득했다. 그 두려움의 실체는 내가 알지 못하는 것들에 대한 불안감이었다.

그러나 익숙한 것만 하다 보면 인생의 다채로움도 흥미로움도 즐길 수 없다. 지금도 외국의 새로운 도시에 가면 두렵고 불안한 건 마찬가지다. 다만 지금은 그 불안을 즐기고 있다. 이번에는 또 어떻게 해결해 갈까 스스로가 기대된다. 성취감, 자부심, 칭찬과 성공……. 두려움 뒤에는 꼭 보상이 숨겨져 있기 때문이다. 새로운 시도가 시작되면 최악과 최선과 최고의 상황을 설정해 본다. 그리고 최악의 상황과 결과에 대해 어떻게 대비할지 미리 마음 다짐을 한다. 최선의 해결책을 정하고 곧바로 행동한다. 최고의 결과를 기대하면서 흥분된 마음으로.

시스템이 돈을 벌어들인다

우리는 공공연히 듣고 있고 알고 있다. 인간이 100세, 120세까지 살게 될 공포와 두려움에 대해. 그 대비책이 마련되어 있는 사람들이 많지 않은 게 우리의 현실이다. 내 기억으론 2010년도에 미국에서 어느 교민이 이런 말을 했다. 미국 정부의 사회보장연금이 앞으로 30년 후면 없어질 거라 스스로 노후 준비를 해야 한다고. 연말이면 공문이 우편으로 오는데 교민들 대부분이 체감하지 못하고 심각하게 받아들이지 않아서 걱정이라고.

우리나라도 별반 다르지 않다. 국민연금 정도로는 노후 대비가 안 된다는 걸 누구나 안다. 게다가 지금은 전문직조차 미래를 보장할 수 없을 만큼 불안한 시대다. 할 수만 있다면 연금성 소득을 가져올 시스템을 구축해야 한다.

예전에 봉제 일을 선택했을 때는 나에게 주어진 상황 안에서 최선의 선택을 하고 잘 살았다는 생각을 했다. 그런데 애터미 사업을 하면서는 바뀐 생각들이 많이 있다. 성공은 자본과 노력만으로는 힘들다. 돈을 버는 시스템이 있어야 한다. 자본가들이 자꾸 기업을 일으키는 것은 그런 이유다.

자영업자가 식당을 한다고 프랜차이즈 지점을 내도 개인이 돈을 버는 데는 한계가 있다. 시스템을 만들어낸 프랜차이즈 본점이 돈을 번다. 스타벅스가 이 나라 저 나라에서 지점을 내도 그 안에서 열심히 일하는 바리스타가 돈을 버는 건 아니다. 시스템을 만든 창업자가 돈을 번다. 초기에 자리를 잡을 때까지만 참고 고생하면 된다.

나는 한 달에 2천만 원의 소득을 올리고 있는데, 그렇게 펑펑 놀고 있으면서 불로소득 아니냐고 여기는 사람도 있다. 그동안 공들인 노력에 의해 만들어놓은 시스템에 의한 수익인데, 노동으로만 돈을 벌어야 한다는 생각으로 보면서 말도 안 된다고 하는 것이다. 나도 전에는 그런 생각을 했으니 이해는 간다.

성공하는 모든 사람들 뒤에는 시스템이 반드시 있다. 전문 직종도 시스템이 없으면 노동직과 마찬가지다. 만약 변호사가 1년 동안 변호사 일을 쉰다면 1년 동안 수입은 없다. 고급 직종이냐 노동직이냐에 따른 수입의 차이만 있을 뿐이다. 결국 각자의 노동에 대한 대가로 그달 그달 살 뿐이다.

사실 시스템을 만들 수 있는 능력을 가진 사람은 많지 않다. 애터미는 회사가 만들어놓은 시스템을 개인이 활용해서 내 것처럼 사용할 수 있다. 애터미 사업이 나 같은 사람에게도 쉽게 이해가 됐던 것은 우리 아들이 인터넷 쇼핑몰로 구입하는 것들을 많이 봤기 때문이다. 나도 인터넷은 쓰고 있었기 때문에 인터넷 쇼핑몰이 빠르게 퍼질 것이라는 점은 감각적으로 알 수 있었다. 다음

(daum)에 가입할 때 가입비가 없는 것처럼 애터미 인터넷 쇼핑몰에도 가입비가 없어야 한다는 것도 이해할 수 있었다.

"앞으로는 인터넷 쇼핑몰을 통해서 모든 것이 유통될 것이다. 자영업은 계속 없어질 것이고 이것들이 인터넷 쇼핑몰을 통해 유입될 것이다. 개인이 만들면 자본과 여러 조건들이 다 필요한데 애터미는 그것을 회사에서 만들어놨다. 사업자들은 애터미에 가입하는 순간 애터미 쇼핑몰이 내 것이 된다. 내 쇼핑몰에 소비자를 소개만 하면 거기서 가입하고 제품을 사는 모든 포인트를 모아서 사업자는 수당으로 받아갈 것이다."

처음 세미나에 갔을 때 이 이야기는 나에게 확 다가왔다. 그야말로 내가 인터넷 쇼핑몰을 하나 공짜로 받은 것과 같다는 거네, 라고 받아들였다.

카카오 택시 때문에 연일 시위 소식이 들려온다. 인간이 몸으로 할 수 있는 일들이 차차 없어질 모양이다. 우리는 인공지능이 보편화되어도 없어지지 않을 일들을 찾아야 하고, 시스템을 갖추지 않으면 개인이 뭔가를 하기는 더욱 힘들어졌다. 그전에는 노동 수입이 아닌 것을 부끄럽게 여겼는데, 지금은 그것이 얼마나 미련스러웠나 싶다. 노동 수입만이 정직한 수입은 아니라는 걸 깨닫게 된 것이 얼마나 다행스러운지 모르겠다.

처음 시작하는
사람들에게

   예전의 나는 기미가 굉장히 많
았다. 어쩌다 외출이라도 하려면 그걸 감추려고 분장용 진한 커버
마크를 쓰곤 했다. 같은 동네서 같은 일했던 친구 중에 굉장히 멋
쟁이라서 자기 외모를 잘 가꾸는 사람이 있었는데, 한 번씩 시장
에 가거나 외출할 때면 나에게 왜 그렇게 시골 아줌마처럼 안 꾸
미냐며 "제발 좀 가꿔" 하고 말하곤 했다. 내가 기미도 많고 화장
을 해도 밀리고 뜨고 그러니까 어딜 가기로 하면 우리 집에 빨리
와서 화장을 하고 가라면서 미리 불러 내 화장을 해주기도 했다.
그만큼 허물 없이 지내는 사이였는데, 어느 날 "요즘 무슨 일 있
어? 왜 이렇게 예뻐지냐?" 그랬다.

화장품 하나 살 수 없던 형편으로 애터미 사업을 시작했던 동생이 나에게 화장품을 선물해서 그걸 쓰고 있었다. "아니 별일 없는데. 동생이 준 애터미 화장품 쓴 것 밖에는"하고 이야기를 했더니 "나도 한번 사다 줘봐" 해서 동생에게 하나 사서 주었다. 그랬더니 "진짜 싸고 좋다. 우리도 회원 가입해서 쓸까?" 하길래, 내가 사업을 하지 않을 때라 "가입하지 말고 필요할 때 동생한테 하나씩 사다 쓰자"고 했었다.

그 후 내가 속리산 1박 2일 석세스 아카데미에서 사업 내용이 단번에 이해된 것은 제품이 좋은 걸 이미 체험해서 알고 있었기 때문이다. 이전에도 화장품을 많이 쓰지는 않았지만 중저가 화장품 브랜드 매장에서 2~3만 원만 넘어도 나는 벌벌 떨면서 사곤 했다. 그런데 애터미에서는 용량이 크고 품질도 우수한 에센스 아이크림 등이 1개에 1만 8천 원대인 데다 내가 쓰고 나서 눈에 띄게 좋아질 정도라면 해볼 만하다고 생각했다.

좋은 시스템을 알아보는 안목

나는 제품을 잘 팔 수 있는 사람도 아니었고, 누군가에게 소개하는 것도 잘 못하는 사람이었기 때문에 좋은 회사인지 알아보는 기준은 단순했다. 내가 제품을 써보고 만족스러운가? 다른 데서 사는 것보다 좋은가?

사업 시스템이 이해가 돼도 막상 일을 시작하려고 하니까 가입하고 당장 사야 되는 금액이 있다거나 매달 사야 되는 금액이 있다거나 했으면 안했을 것이다. 내가 소비자라고 생각했을 때 사업과 상관없는 내가 편한가를 생각해 봐야 했다. 애터미에서 사업을하는 다른 네트워크 판매 경험이 있는 사업자들에게 이렇게 저렇게 들은 바에 의하면, 원칙적으로는 가입비, 유지비가 없는데도 막상 사업을 시작하려면 진입비 명목으로 얼마를 사야 되는 네트워크 회사도 많았다. 수당을 받기 위해 또 얼만큼 사야 되는 경우도 있었다. 그러다 보면 결국엔 사업을 포기한다는 것이다. 게다가 제품 가격이 비싸서 그 비용들이 부담이 될 수밖에 없었다. 결국 사업자는 돈을 못 벌어도 회사는 돈을 버는 구조, 그것 때문에 그동안 네트워크 회사가 욕을 먹고 있었던 모양이다.

어느 분은 다른 네트워크 회사에서 일하면서도 치약이나 칫솔 같은 저가 생필품은 없다며 그런 품목은 애터미 제품을 쓰겠다고 해서 가입한 사람도 있다. 어느 날은 약속이 있어 그분 사무실에 갔는데 다른 회사 제품 취소시키기 위해 전화를 하느라고 시간을 끌고 있길래 왜 그런지 물어보았다. "하위 매출이 이만큼 올라오면 수당을 받을 것 같아서 사람들에게 억지로 사게 했는데, 6개월 동안 팀내 매출이 없어서 등급이 낮아졌고 수당을 받을 수 없대요. 그래서 이거 억지로 한 매출이니까 다 취소시키려고요." 그때 유지비라는 게 이런 거구나, 하고 알게 되었다. 지금 안 필요한 건데도 사야 되는 것, 매달 맞춰야 하는 개인 매출, 팀 매출이 있는 곳도 있었다. 애터미는 그런 함정이 없는 곳이었기 때문에 나도 승급이 가능했던 것 같다.

사업자 입장이 아니라 소비자 입장에서 생각해봤을 때 가입비가 없고 유지비가 없는 곳, 일반 인터넷 쇼핑몰처럼 자유로운 상태가 가능한 곳, 사고 싶으면 사고 안 사고 싶으면 안 살 수 있는 곳이어야 한다. 그런 강제 조항이 없는 곳이라는 점이 확인되니까 1년이 됐든 2년이 됐든 꾸준히 하기만 하면 되는 거네, 하고 시작할 용기를 낼 수 있었다. 알면 알수록 내가 잘나서라기보다 시스템의 힘이었다는 생각이 든다.

시스템을 복제하라

봉제 일을 할 적에는 상상도 할 수 없었다. 맡은 일을 없애려면 밤낮 없이 일을 해야 했다. 지금 생각해 보면 그렇게 시간을 쓰고 몸으로 일하는 건 부자가 될 수 없는 일이었다. 나는 미련하게도 다른 일은 생각도 안 해보고 열심히 노동해서 벌어야만 정직한 돈이라고 생각했다. 그래서 일만 있다면 잠을 줄여서라도 열심히 하고 살았다. 그런데 일을 없애는 시스템을 구축하는 것이 관건이란다.

난 어릴 적에 손오공 만화를 참 좋아했다. 머리카락 한 올을 뽑아서 주문을 외우면 똑같이 생긴 손오공 복제들이 나타난다. 나는 지금까지도 힘들 때마다 간혹 그런 상상을 한다. 손오공처럼 나도 복제 분신들을 많이 만들 수만 있다면 내 복제인간들을 부리며 편히 살 수 있을 텐데. 나를 대신해서 싸워주거나 일을 해주지 않을까.

내가 개발한 아이템이 복제되어 체인점이 생겨난다면 그것도 시스템이라고 불러야 할 것 같다. 그렇게 똑같이 복제되어 전국을 넘어 전 세계까지 퍼져간다면 그건 큰 성공이다. 요즘은 이런 시스템을 구축하기 위해 회사도 개인도 모든 역량을 쏟는다. 그러나 개인이 이런 시스템을 갖추기란 쉽지 않을 것이다. 사실 내겐 불가능이다. 대신에 잘 갖춰진 시스템 속으로 들어갔고, 모르면 따라하면서 그 속에서 갖춰진 시스템을 내 것으로 만들어갔다. 나에게 그것은 시스템을 통한 복제였다.

다만 사업을 시작하면서 반드시 양심에게 물어봐야 한다. 내가 하는 일들이 내 주변의 나를 걱정하는 사람들에게 손해를 줄 가능성이 있는가? 시스템을 만들 때에도 누구든 공감할 수 있도록 만들어야 실패가 적다. 유통의 기본은 좋은 제품을 싸게 사는 것이다. 경기가 어려울수록 고객들은 아웃렛 매장으로 발길을 움직인다. 좀 더 좋은 제품을 싸게 사기 위해 하루종일 발품을 파는 사람도 있다. 완벽히 소비자 입장에서 생각해 봐야 할 것이다.

쓰던 걸 바꾸기는 쉽다

애터미 일은 일 자체로서는 어려울 게 없다. 좋은 제품을 써보고 좋으면 계속 쓰면 되는 일이다. 예를 들어 종합비타민을 먹고 있다든가 오메가3를 먹고 있는 사람이 있다면 다른 제품과 비교해서 애터미가 훨씬 좋네, 하는 것만 느낄 기회를 주면 된다. 그러면 바꾸기는 쉽다. 안 먹던 거를 "이거 좋으니까 먹어 봐" 하기는 어려운데, 먹던 거를 "이걸로 먹어 봐" 하기는 쉽기 때문에 일은 어렵지 않다.

일하면서 너무나 많은 사람들을 만난다. 다양한 직업, 다양한 성격, 다양한 환경……. 이익 관계가 얽히는 속에서 많은 사람들의 속내를 들여다본다는 게 처음엔 스트레스였지만 지금은 재미있다는 생각이 든다. 처음엔 사람들의 말만 믿고 판단했지만, 지금은 그 사람의 행동을 본다. 겉으로 보이는 것들에 대한 내 생각이 깊어졌다고 할까 단호함이 생긴 느낌이다. 이런 건 체험하지 않으면 알 수 없다. 어리다는 건 이런 경험이 없다는 뜻일 게다. 그래서 나는 네트워크 판매를 잘할 수 있다면 다른 일도 잘할 것이라고 생각하게 되었다. 사람을 모르면 세상을 모르고 그러면 성공한다는 게 어렵기 때문이다. 나는 이 일을 통해 세상과 사람들을 참 많이 배워가고 있다. 아직도 실수투성이고 사람에게 속고 상처도 받기도 하지만 이젠 이런 것에도 면역력이 생겨 심한 스트레스가 되지는 않는 걸 보니 나도 이제 세상을 좀 알게 된 것 같다.

　세상 속으로 걸어가며 겪는 많은 일들이 기대도 갖게 하고 흥미롭다.

부정적인 말은
농담도 하지 마라

 용혜원 시인은 활발한 강연 활동을 하기도 했는데, 그 내용을 모아 『성공노트』라는 책을 쓰기도 했다. 여기서 시인은 말에는 세 가지 놀라운 힘이 있다고 말한다.

첫째, 말에는 각인력이 있다. 어느 대뇌학자는 뇌세포의 98%가 말의 지배를 받는다고 발표한 적이 있다. 어떤 사람이 매일 5분씩 세 번 이렇게 외쳤다. "나는 위대한 일을 할 수 있다. 나는 내부에 위대한 가능성을 간직하고 있다. 나는 아직도 발휘되지 않은 가능성을 간직하고 있다." 계속해서 말을 하다 보니 그는 가슴속으로부터 끓어오르는 자신감, 열정을 느끼기 시작했다. 드디어 그는 할 수 있는 사람이 되었다.

둘째, 말에는 견인력이 있다. 말은 행동을 유발하는 힘이 있다. 말을 하면 뇌에 박히고, 뇌는 척추를 지배하고, 척추는 행동을 지배하기 때문에 내가 말하는 것이 뇌에 전달되어 내 행동을 이끌게 되는 것이다. '할 수 있다'고 말하면 할 수 있게 되고, '할 수 없다'고 말하면 할 수 없게 된다. 그러므로 항상 적극적이고 긍정적인 말을 해야 한다.

셋째, 말에는 성취력이 있다. 말은 견인력을 넘어 성취력이 있다. 젊은 청년이 미국 개혁교회 대표였던 노만 빈센트 필 박사에게 찾아와서 "박사님, 어떻게 하면 세일즈를 잘 할 수 있을까요?" 하고 물었다. 필 박사는 조그만 카드를 꺼내 그 청년에게 주면서 적게 했다. "나는 훌륭한 세일즈맨이다. 나는 세일즈 전문가다. 나는 모든 준비가 되어 있다. 나는 프로다. 나는 내가 만나는 고객을 나의 친구로 만든다. 나는 즉시 행동한다." 필 박사는 청년에게 그 카드를 갖고 다니면서 주문을 외우듯이 계속 반복해서 외우라고 했다. 청년은 되풀이해서 읽었고, 고객을 방문하기 전에는 몇 번씩 다시 읽으며 자기 자신에게 다짐했다. 그렇게 반복하는 동안에 청년에게 기적이 일어났다. 자신에 대한 긍정적인 말이 그 청년을 유능한 세일즈맨으로 바꾸어버린 것이다.

말하는 습관대로 산다

회사에서 '성공자'라고 불러주는 직급에 오르기까지 그동안 내가 본 성공한 사람들은 그렇지 못한 사람들과 다른 점이 있었다. 그들은 "안 된다, 못하겠다, 힘들다" 이런 말들을 싫어한다. "못한다, 안 한다"는 말 대신 "나는 할 수 있다. 어떻게든 해낼 것이다"라고 말한다.

말하는 습관은 곧 그 사람의 인생이 되는 것 같다. 즐겁고 행복한 인생을 살기 위해선 말하는 습관부터 바꿔야 한다. 한 번뿐인 인생이다. 이왕이면 생각도 말도 함부로 하면 안 된다. 정말 많은 사람들이 별 생각 없이 부정적으로 말하고, 시시하게 선택하고 인생을 되는 대로 산다. 그럭저럭 아무렇게나 살아가는 사람이 정말 많이 보인다.

가수들은 음반을 내기 위해 노래 한 곡을 수천 번 연습한다고 한다. 그래서인지 대부분의 가수들은 그들이 부른 노래처럼 인생을 살게 된다고 한다. '쨍! 하고 해뜰 날, 돌아온다네'를 부른 송대관은 그 노래로 '쨍!' 하고 빛을 보았고, '돌아가는 삼각지'를 부른 배호는 '돌아가는 삼각지'처럼 몹쓸 병으로 쓸쓸하게 돌아갔다. '산장의 여인'을 부른 권혜경은 노래 가사처럼 한평생을 독신으로 살았다.

말은 뇌에 각인되고 우리 행동을 견인하며 인생을 성취하게 한다. 그러므로 항상 적극적, 긍정적, 소망적, 미래적인 말만 하라. 부정적적인 말은 농담이라도 하지 마라. "그렇게 하지 마"보다는 "이렇게 해보자"고 말하라. "넌 못할 거야", "사람이 되기는 틀렸어", "보나마나 실패할 거다", "기회가 없었던 거야", "모두가 네 잘못이다", "그건 절대로 안 돼", "쓸데없는 짓 하지 마" 등의 말은 농담도 될 수 없다. 어떤 점쟁이가 "너는 시집 가서 잘 살기는 글렀어"라고 말했는데, 이 말 때문에 그 여자는 폐인이 되어 버리고 말았다고 한다. 그 말이 자신의 잠재의식 속에 새겨져 계속하여 반복됐기 때문이다.

나 역시도 마찬가지다. 예전의 나는 '내가 어떻게? 나는 아무것도 못해. 영업은 절대 못해' 하는 생각 때문에 엄두를 내지 못했다. 그러나 어느 순간 "해보자. 할 수 있어. 다른 사람들도 했는데 왜 나라고 못하겠어"라고 생각하게 되면서, 포기하지 않고 끈질기게 수없이 반복되는 긍정적인 말과 행동을 이어가다 보니 어느 순간 나에게도 놀라는 일들이 일어나기 시작했다. 말에 '힘'이 생긴 것이다. 내 말에 힘이 실리자 사람들은 그때부터 움직이며 따라오기 시작했다. 그제서야 알게 되었다. 내가 당당해지고 긍정적이어야만 주변에서도 나를 긍정적으로 평가하고 나와 함께하고 싶어 한다는 것을.

자존감이 낮은 것보다는 허언증이 낫다

사람의 태도는 생각과 말과 행동으로 드러난다. 생각은 반드시 내 입 밖으로 나오게 되는 법이기 때문에, 말을 할 때는 생각하고 말하고 부정적인 생각은 하지 않아야 한다. 혹시 그런 생각이 들었더라도 말로 뱉는 순간 남에게까지 영향을 끼친다. 그때부터는 될 일도 안 된다. 특히 말을 하는 사람이 엄마, 아빠, 사장, 상사 등 영향력을 끼칠 수밖에 없는 사람이라면 더욱 그렇다.

늘상 부정적인 얘기를 입에 달고 사는 사람 치고 주변에 좋은 사람이 없다. 성공적으로 사는 사람은 더욱더 없다. 힘들수록 "나 할 수 있어, 내가 할 거야" 하고 말해야 한다.

사람들은 자기 스스로를 너무나 잘 알아서, 다른 사람들이 어떻게 평가를 하든지 내 스스로 평가한다. 다만 성격, 환경 등이 다르다 보니까 사람에 따라서 스스로를 높게 평가하는 사람도 있고, 낮게 평가하는 사람도 있다. 내가 보기에는 스스로를 실제 딱 그 수준으로 얘기하는 사람은 없는 것 같다. 나는 스스로를 낮게 평가하는 사람보다 오히려 높게 평가해서 자신감 있게 가는 사람을 더 좋아한다. 타인이 미쳤다고 하고 허황되다고 하더라도 거기에 맞게 살도록 노력하면 된다. 자존감이 낮은 사람보다는 허언증 환자가 차라리 낫다.

그리고 모르는 사람들한테는 칭찬을 해야 좋은 영향을 주게 되는 것 같다. 칭찬은 고래도 춤추게 한다고 하지 않던가. 자존감이 낮거나 스스로를 낮게 평가하고 있는 사람들에게는 그것이 힘이 되어 앞으로 나아갈 수 있게 된다. 줄곧 독려해봐도 부정적이거나 "나 못 해, 안 해" 하는 사람에게는 도움을 주고 싶은 마음이 점점 사라지게 된다.

그런데 자존감이 낮은 사람에게는 칭찬이 좋은 약인데, 허언증 환자에게는 칭찬이 독이 될 수 있다. 그런 경우를 많이 본 건 아니지만 그래도 자신감 있게 큰소리 뻥뻥 치는 사람은 고용하는 자가 되고 자존감이 낮아 의기소침한 사람은 대체로 고용당하는 자가 되는 것 같다. 어쨌거나 주도적으로 생각해 가는 사람이어야 뭔가를 만들어갈 수 있지 않을까.

그래도 슬럼프에 빠질 때

우리는 누구나 압박을 받고 산다. 나에게 기대하는 것에 맞춰서 살아야 한다는 압박을 누구나 받는다. 요즘 대학생들 중에는 밤중에 전화해서 아들이 언제 들어오냐고 계속 전화하는 엄마들도 있다고 한다. 그러다 어느 순간 문득 남의 기대를 위해서만 살아온 삶을 후회하는 사람도 너무나 많다. 그럴 때는 주변을 의식하는 것을 다 비워버리고 진짜 나를 위한 삶을 생각하면 단순해진다.

힘들 때는 모든 걸 다 잘하겠다는 생각이 일을 더 어렵게 만드는 경우가 있다. 생각을 비워내고 잠시 쉬어가는 것이 현명하다. 이전의 나는 배우지 못한 부분들 때문에 부끄러운 게 있었다. 그러나 지금은 오히려 그것 때문에 나의 행동에 제약을 받지 않고 계산 없이 행동할 수 있어서 행복하다. 많은 배움을 가지고 많은 사람들에게 기대되는 삶을 살았다면 거기에 맞춰 사느라 힘들었을 텐데, "제가 아는 게 없어요. 저 무식해요" 이래 버리니까 순간순간 나의 선택에 자유로움을 얻었다. 진짜 안 되는 게 있을 때는 "나는 못해요" 하면서 쉴 수 있다는 점이 참 좋다. 나의 경우에는 억지로 한다는 것이 없다 보니까 인생이 후회스럽지 않다.

일이 잘 풀리지 않을 때 어느 것을 포기하고 어느 것을 취할지 차분히 작은 선택부터 해나가다 보면 마음 각오가 단단해지면서 방법이 찾아질 것이다. 마음에서 머릿속에서 간곡히 해야 한다고 외치는 소리가 들린다면 자존심이 상하고 뭔가 잃는 부분이 있더라도 그게 최선이다. 당장 시작해야 한다. 작은 것 때문에 큰 걸 잃지 않도록 말이다.

나만의
스타일로 실행하라

　　　　　　　　　　사업을 하는 사람들은 사업의
규모에 상관없이 근성이 있는 사람들을 좋아한다. 근성이 있는 직
원들은 목표와 책임감을 가지고 앞장서는 사람들이기 때문이다.
직종에 상관없이 이것은 진리일테니까.

　최근 들어 지나온 날들을 회상해 보곤 한다. 난 어떤 것들을
잘 하며 살았을까? 내가 했던 선택 하나하나 따져보면 특별히 잘
했던 건 없음을 고백한다. 초등학교를 졸업 후 중학교를 안 간 것
도 스스로의 선택이었지만 잘한 건 아니었다. 못 배운 것으로 인
해 난 능력을 제대로 발휘하지 못하고 살았으니까. 그때는 배우지
못했어도 배운 사람보다 더 잘살 수 있을 거라고 생각했다. 그렇

다고 후회하는 건 아니다. 나는 내 선택에 대해 최선을 다해 노력하며 살았으니까.

경험한 분도 많으실 테지만, 인생의 기회는 반드시 사람을 통해서 온다.

내가 열일곱 살 때에 우리 집에 외삼촌 장모님께서 오셨다. 내가 옆에서 듣고 있는데 엄마에게 이야기하시길, "고등학교 선생 하는 우리 집 아들이 의상실 처녀랑 결혼한 거 아시죠? 우리 집 며느리가 의상실을 하는데 일이 많아서 양장기술 배울 처녀가 필요하다네요. 월급은 없지만 기술을 잘 배우면 고등학교 선생 만나서 결혼도 할 수 있고, 여자에겐 최고의 직업 같아요."

그때 "고등학교 선생 만나서 결혼도 할 수 있고" 이 한 마디가 내 귓가를 스치고 들어와 가슴까지 파고들었다. "제가 할게요" 말하고 말았다. 엄마는 월급도 없는데 사돈 집에 식모살이 보내는 것 같다며 끝내 반대하셨지만, 나는 내 차비를 들여가면서 의상실 출근을 했다. 그런데 생각과는 달리 기술은 가르쳐주지 않았고 심부름하고, 단추 달고, 밑단 뜨는 일들을 해야 했다. 그래도 기술을 배워 의상실을 차리면 잘살 수 있을 만한 직업이라고 여긴 나는 그 일을 적극적으로 배워갔다.

3개월 후 나는 좀 더 큰 다른 의상실로 옮겼다. 좀 더 빨리 배울 수 있을까 싶었던 것이다.

일에도 단계가 있다

의상실에는 여러 단계의 일을 하는 사람들이 있었다. 봉제일에서 쓰는 용어로 마도메 시다, 중간 시다, 상시다, 미싱사 등이 있다. 그리고 보통 디자인과 재단은 주인들이 직접 하는 경우가 많았다. 나는 의상실을 옮겨 가서야 단계를 거쳐 배워갈 수밖에 없음을 인지하고 단 뜨고 단추를 다는 마도메 시다 일을 맡아서 했다. 그러면서 중간 시다, 상시다 언니가 화장실이라도 가면 얼른 그 자리로 가서 그 일을 하곤 했다. 나중에 그걸 보며 짜증내는 언니들을 웃음으로 무마하고 또 다시 기회를 엿보곤 했다.

그러다 중간 시다 언니가 갑자기 그만뒀다. 주인 언니는 중간 시다가 먼저 구해지면 나는 그대로 마도메 시다를 하고, 마도메 시다가 먼저 구해지면 나에게 중간 시다 일을 가르쳐서 일하게 하겠다고 했다. 나는 중학교를 졸업하고 집에서 빈둥대고 있는 친구를 꼬드겼다. "선애야, 우리 양장 기술 배워서 나중에 양장점 하면서 사장님 되고 부자로 살자." 망설이는 친구에게 나는 차비를 대줄 테니까 같이 기술을 배우자고 말해버렸다.

결국 친구도 양장 기술을 배우게 됐고 나는 중간 시다로 승진을 했다. 난 더 열심히 일해야 했다. 서투른 일인데 잘 못하면 쫓겨나거나 내려앉을 수도 있으니까. 아침 9시부터 밤 10시 퇴근할 때까지 한 번 앉아보지도 못하고 다리가 퉁퉁 부어도 아프단 말도 할 수 없었다. 힘들다고 말하면 다시 마도메 시다 하라고 할까봐……. 그렇게 나는 다른 사람보다 열심히 했고 빨리 배워나갔다. 친구에게 차비를 대줄 만큼 월급도 많아졌다. 그렇게 해서 배운 일을 나는 33년간 했다. 큰 성공은 아니지만 양장점 주인이 되어 살아도 봤고 50세가 될 때까지 즐거운 일이라 여기며 고생을 해도 고생인지 모르고 살았다. 내가 가진 능력 안에서 이 정도 고생은 당연하다고 생각하며 살았다.

대접받으려면 근성을 키워라

친구와 나는 같은 일을 하게 되면서부터 한 몸처럼 움직였다. 같이 출근하고, 같이 퇴근하고, 같이 놀러다니고, 한 달에 2번밖에 안 쉬는 일요일 휴무도 함께 쉬었다. 그 시절엔 기술을 배운다는 이유로 아침 9시 출근, 밤 10시 퇴근으로 혹사당해도 당연한 거라 생각했다. 그러나 중간 시다에서 상시다로 더 이상 올라갈 수 없는 그 양장점에 오래 다닐 수는 없었다. 친구를 데리고 다른 의상실로 옮겨갈 결심을 했지만, 더 큰 도시로 가서 배우고 싶었다. 서울은 엄두가 안 나서 부산으로 가기로 마음먹었는데, "차라리 같이 죽자"고 할 만큼 엄마의 반대가 심했다.

　엄마는 딸이 객지로 나가면 큰일 날까 봐 아무리 가난해도 집을 떠나 사는 걸 말리셨다. 나는 엄마 몰래 집 떠날 준비를 해야 했고, 친구와 함께 전주에서 부산으로 가출을 했다. 부산진역 주변 허름한 여인숙에 방을 얻어놓고는 보이는 양장점마다 "시다 구해요?" 하고 묻고 다녔다. 열아홉 살, 겨우 주민등록증이 나왔던 나이에 어느 양장점 주인은 우리가 가출한 것으로 보였는지 주민등록증을 맡기고 취직을 허락하셨다. 추석 연휴가 막 끝난 뒤라서 고향 갔던 직원들이 돌아오면 그만둬야 하는 조건이었다. 3일 뒤 중간 시다가 한 명 왔다. 주인 사장님은 친구를 다른 의상실에 소개해 주겠다면서 바로 옆이라 일 끝나면 매일 만날 수 있으니 그 양장점으로 가라고 하셨다. 친구는 나랑 떨어져서는 부산에 있기 싫다면서 끝내 전주로 돌아갔다. 그곳에 오기 전에, 돈을 벌거나 기술을 더 배우기 전에는 절대 고향으로 가지 않겠다는 각오를 서로 다짐했는데도 소용없었다.

　친구가 전주로 돌아가던 날, 시외버스 정류장에서 버스가 떠나기도 전에 나는 전봇대에 기대어 우느라고 떠나는 버스도 볼 수 없었다. 나는 이후로 1년을 부산에서 버티며 기술을 배우고 돈도 벌었다. 번 돈을 집에 보냈더니 반대하던 엄마는 그 돈으로 TV도 사고 돼지도 사서 기르셨다. 그 1년 동안이 내 인생 전체를 살아오는 내내 모든 고난을 이기는 힘을 길러줬다고 생각한다. 방도 없어서 재단다이 위나 소파에서 잠을 자야 했던 시간도 견뎠는데, 엄마가 그렇게도 걱정했던 나를 지켜내는 힘도 기를 수 있었다.

두려움은 막연함에서 오는 것이지만, 용기는 두려움을 걷어낸다. 막상 해보면 별것 아님을 알게 된다.

시대의 흐름에 올라타라

1985년경 갑작스레 양장점 일들이 없어지기 시작했다. 맞춤옷보다 싸고 예쁜 기성복 브랜드들이 나타나 고객들이 옮겨갔고 의상실은 거의 문을 닫았다. 나도 그때 의상실 문을 닫고 서울로 와서 봉제 공장에 잠시 다녔다. 작은 가게에 5명 정도 일하는 곳이었는데, 하청이라서 공임이 얼마인 줄 알기에 나는 게으름을 피울 수 없었다. 하루에 몇 장 정도 옷을 만들어야 우리들 월급 주고 운영비 쓰고 사장님 내외도 수입이 되겠구나 싶으니 같이 일하는 사람들에게 열심히 해야 한다고 다독이며 솔선수범으로 일을 할 수밖에 없었다.

그랬더니 사장님께서 원래 월급보다 10만 원을 더 넣어주셨다. 봉투를 들고 사장님께 가서 "사장님, 돈을 잘못 세어 넣으셨나

봐요. 10만 원이 더 들어 있어요" 하고 드렸더니 사장님께서는 "잘 못 넣은 것 아닙니다. 일부러 더 넣었어요. 앞으로도 계속 그렇게 드릴 겁니다. 사람들에겐 말하지 말아 주세요"라고 말씀하셨다. 너무 감사했지만 난 그곳에 오래 있을 수 없었다. 같이 일하는 사람들이 "네가 뭔데 관리자처럼 구느냐"며 나를 시기했고, 또 아이를 갖지 못해 매달 5일 정도는 병원에 다니느라 오전 시간을 빠져야 했다. 일을 빠진 만큼 월급에서 빼시라고 해도 계속 월급을 그대로 주시는 게 너무 미안했다.

내가 그곳을 그만두자 그곳을 자주 드나들던 다른 사장님께서 작은 가게를 만들어 주면서 나를 자유롭게 일하게 하셨다. 그 후로 나는 그 사장님 일을 23년간 해왔다. 경영자 입장에서는 누구나 그렇게 시키지 않아도 자기 일을 스스로 찾아서 하는 사람들을 대접할 것이다. 시키는 일만 시간 때우면서 하는 걸로는 인정받을 수 없다. 어디서나 자신이 주인인 것처럼 생각하면 그 사람의 능력은 더욱 커 보이는 법이다.

아침형 인간이 아니어도 일은 잘할 수 있다

보통 사람들은 사회적 통념에 맞춰 시간을 쓰며 산다. 일하는 시간, 잠자는 시간, 노는 시간이 사회적 틀에 맞춰 정해져 있다. 또 어려서부터 아침 일찍 일어나고 밤이 되면 일찍 들어와야 모범적으로 잘 사는 것이라고 배운다. 밤에 돌아다니면 나쁜 아이, 어울리면 안 되는 아이 취급을 받는다. 그러다 보니 어른이 되고 가정을 꾸리고 일을 할 때도 밤 시간의 일은 모두가 꺼려한다. 또 가정 불화의 원인이 되기도 한다.

그런데 뭔가에 몰입해 일정 경지에 이르기까지는 자는 시간, 노는 시간, 일하는 시간이 구분이 없다. 분명히 성공하는 사람들은 틀에서 벗어나 자신의 효용에 맞춰 시간 관리를 하며 산다. 보통 사람들도 남들보다 더 많은 수입을 만들기 위해서는 가외로 시간을 쓰면서 수입을 올리는 경우도 많을 것이다. 세상 어떤 일이든 일할 타이밍을 놓치고 집중하지 못하면 결과를 내기 어렵다. 그래서 성공하려면 시간으로부터 자유로워져야 한다. 방탕한 생활을 위한 시간의 자유로움이 아니라 일에 집중하기 위한 시간의 자유로움이다. 아침형 인간이 성공한다지만, 어떤 사람들은 낮 시간보다 밤 시간에 훨씬 집중하는 성향이 있고, 또 어떤 사람들은 일의 특성상 밤에 해야 하는 직업도 있을 것이다.

일하는 여성이 가족의 협조를 얻는 법

나는 봉제 일을 하면서 늘 납기일에 쫓기며 살았다. 밤이고 낮이고 마감 시한을 맞추기 위해 시간을 가리지 않고 일했다. 내가 집에서 밤새우며 일할 때 남편은 자다가 나와서 "여직 안 자는 거야? 힘드니까 일 그만하고 빨리 자"라고 해도 호통을 치진 않았다. 어릴 때부터 늘 엄마가 밤늦도록 일하는 걸 봤던 아들은 중학생이 되면서 작업실 방에 와서 미싱을 끄고 이렇게 말하곤 했다. "엄마 나 졸려. 근데 엄마 미싱 소리 때문에 잠이 안 들어. 엄마가 나 재워줘." 아들은 잠이 안 오는 게 아니라 나를 쉬게 하려는 것이었다. 아들 재우려다 내가먼저 잠들어 버리던 나날들……. 그러던 아들이 지금은 밤에 공부하고 밤에 놀고 밤에 뭔가를 하는 걸 더 좋아한다. 조용하고 한적한 시간들이라 훨씬 안정적이라고 느끼는 것 같다.

애터미 일을 하면서도 나는 밤 시간에 일하는 것이 아침 일찍 일하는 것보다 훨씬 편하다. 집중도 잘 되고 사람들과 만남을 갖기도 편하다. 그러다 늦으면 남편은 전화를 해대곤 했다. 내가 어디 가서 나쁜 짓이라도 하고 있는 것처럼. 여기에 발끈하면 싸우게 되고 일도 잘할 수 없게 된다. 밤 늦도록 일하는 사람들은 부부 싸움도 잦다. 일이 제대로 안 된다. 그래서 나는 선언을 했다. 내가 성공할 때까지 어디서 뭘 하든 자유롭게 놔 달라고. 각자 자신이 할 일 잘하며 살자고. 우리의 노후를 책임질 수 있도록 지금 뭔가 해야 한다고.

사람을 믿어주면 그 믿음에 대한 책임을 져야 한다. 자율성이 보장되면 책임감이 더 커진다. 사람이 뭔가에 몰두해 있을 때 말리는 건 기름을 붓는 격이 된다. 목표가 없어지면 반항으로 변할 수 있다. 그렇게 되면 서로 상처만 입고 원하는 결과를 얻기란 묘연해진다. 목표를 이루려는 사람은 시간을 개의치 않는다. 목표가 없이는 원하는 게 있을 수 없다. 현실에 안주할 뿐이다.

"엄마 아들인데
내가 못할 일이 뭐가 있겠어"

 모든 사람들은 크고 작은 선택
들을 하며 살아간다. 내 의지로 선택할 수 없는 건 태어나는 것뿐
이지 않을까. 우리는 부모를 선택할 수 없고, 부모는 자식을 선택
할 수 없다. 그것까지 선택할 수 있었다면 나는 아마 세상에 없을
지도 모르겠다. 나는 머리도 좋지 않고, 예쁘지도 않고, 효도도 잘
못한다. 누가 나 같은 걸 선택하고 싶겠는가? 선택 없이 태어난 것
에 나는 감사할 따름이다.

그러나 일단 태어났다면 자신의 의지와 선택에 따라 인생이
만들어져 간다. 주도적인 삶이 아니라면 누군가에 의해 끌려다니
며 많은 스트레스를 받으며 살고 있을 수도 있다. 그러나 그것 또

한 자신의 선택이다. 꼬맹이들도 옷을 이거 입고 싶다거나 신발을 저거 신고 싶다거나 자기 의지를 나타내기 시작한다. 그 순간부터 내 의지에 의해서 내 삶의 방향이 정해진다. 부모가 주입하는 것에 대한 선택이든 내가 주관적으로 선택한 것이든 사실은 모두 자신의 선택이다. 부모라고 강제로 자식을 정할 수 없는데도 부모가 정해주는 대로 끌려가면서 맞추다 보니까 사실은 내가 그것을 선택했다는 것을 외면하고 있는 것일 뿐이다. 어느 날 '부모님이 이끄는 걸 내가 선택한 것이구나' 하고 깨달을 수 있다면, 그때부터는 스스로 판단하고 인생을 만들어갈 수 있지 않을까.

어떤 삶을 살든 무슨 일을 하든 똑같다고 생각한다. 선택한 후에는 책임을 지는 것이다. 내가 선택한 것에 대해서는 원하는 대로 흘러가지 않을지라도 선택에 대한 책임은 진다. 그 상황에 맞게 선택할 수밖에 없었던 이유가 있다. 그래서 잘 살지는 못했지만 잘못된 적은 없다.

세상의 어떤 누구도 '나'보다 소중할 수는 없다. 그런데 많은 사람들이 스스로의 존재가치를 하락시키며 살고 있다. 그중 가장 심각한 것이 남에게 의존하는 삶이 아닐까. 내가 소중한 존재이고 존귀한 삶을 살고 싶다면 남에게 의존하면 안 된다. 스스로 자신의 삶을 책임져야 한다. 스스로 하자고 생각하며 살아가다 보면 어떻게 하면 될지도 스스로 찾게 된다.

스스로 선택하고 스스로 책임진다

내가 어느 정도 경제적으로 성공했다고 생각되었는지 언젠가 아들이 내게 말했다.

"엄마 사는 것 보니까 뭐든 열심히 하면 성공할 수 있을 것 같아. 난 엄마 아들인데 맘먹으면 못할 게 있겠어? 그러니 내 걱정은 하지 말고 엄마 건강만 지키면서 엄마를 위한 삶을 살아. 그게 나를 행복하게 하는 거야."

그 말을 들으면서 나는 가슴이 벅차올랐다. '내 아들이 이렇게 스스로 자신을 책임지려 하는 아이로 자랐구나. 어디서 무슨 일을 해도 걱정 안 해도 되겠구나.' 지금도 나는 아들 걱정은 전혀 안 하고 산다. 그런데 아들이 항상 그랬던 건 아니다. 나도 아들이 사춘기 때는 꽤나 마음 졸이며 살았다.

아들이 중학교 2학년 때 이전과는 확 달라져 있었다. 매사에 짜증을 냈고 말투가 신경질적이어서 주변을 힘들게 했다. '어떻게 해야 저 녀석이 삐뚤어지지 않고 사춘기를 잘 넘길 수 있을까?' 고민이었다. 어느 날 여행사의 광고를 봤는데 출발 이틀을 남겨두고 서유럽 6개국을 반값에 급하게 모객한다는 내용이 있었다. 생각할 틈도 없이 바로 신청하고 다음날 용산에 가서 디지털 카메라를 하나 사들고 출발했다. 아무 준비 없이 갔던 그때의 여행이 바로 나의 첫 해외여행이었다. 내 꿈의 여행지, 알프스를 그렇게 가게 되었다.

아들과 함께 둘만의 시간을 보내며 새로운 곳에서 대화를 해볼 생각이었는데, 막상 여행을 하면서도 아들은 전혀 달라지지 않았다. 화를 내고 마지못해 따라오고 사진을 찍으면 지워버리기 일쑤였다. 대화할 기회도 주지 않았다. 아들에게 어떻게 하면 짜증 부리지 않고 다니겠냐고 물었다. 그런데 우리 둘만 다니자고 한다. 패키지에서 둘만이라니…….

나는 가이드에게 부탁해서 하루를 몽땅 아들과 단둘이 로마 시내를 돌아다녔다. 둘 다 영어도 전혀 못하고, 성격도 수줍고, 여행지에 대한 공부도 안 해왔고, 준비도 전혀 없었다. 낯선 곳에서 영어도 전혀 못하고 돈도 별로 없으니 두렵고 서로 떨어지게 될까 봐 긴장되어 자연스럽게 둘이 꼭 붙어서 우리가 가는 길, 돌아올 길을 기억하려 애쓰면서 다니기 시작했다. 해외에서 둘만 있다는 두려움이 하나가 되게 했다. 아침에 일행들과 헤어지면서 저녁에는 트래비 분수 앞에서 만나기로 했던 그날, 아들과 둘이서 많은 이야기를 나눴다. "어떻게 네가 내 아들로 와 주었는지 너무 감사하다"는 말과 함께. 아들은 그날 이후로 사춘기가 싹 없어졌다.

아들이 고등학교를 진학할 때는 이런 말을 했다. "부모가 나를 대학에 보내지 못할 수도 있겠다는 생각도 들고. 또 나는 죽기 살기로 공부하기도 싫어. 한 번뿐인 청춘인데 공부만 하느라 하고싶은 운동도 못하고 공부에만 매달리기 싫지만 그래도 좋은 대학은 가고 싶어." 도대체 무슨 말인가 싶어 물었더니, 경기상고를 가고 싶다면서 실업고에서 일반대학을 갈 때 특별전형으로 가산점을 주기 때문에 그걸 활용해서 연대나 고대를 가겠다는 것이다. 부모로서 내 능력이 안 된다고 해서 실업계를 보내고 싶지 않았던 나는 경기상고가 어떤 곳인지를 알아볼 겸 상담을 하러 갔다. 당시만 해도 실업계 다니는 아이들이라면 대체로 노는 애들, 공부 안 하는 애들, 어려운 환경의 애들이라고 생각했기 때문이다.

아들을 데리고 경기상고를 갔는데 너무나 뜻밖에도 이 학교는 오랜 전통을 가지고 있고 그 학교 출신 기업인 중에 성공한 기업인들이 많다는 것을 알게 되었다. 따라서 장학 제도가 잘 되어 있고 학자금을 내고 학교를 다니는 아이들은 몇 퍼센트 안 된다고 했다. 이런저런 명목의 학자금들이 주어지고 멘토링 제도가 있어서 성공한 기업인들이 10등 안에 드는 아이들을 만나서 인생 상담도 해주고 미래에 대한 조언도 해주며 후원해 준다는 것이다.

단지 그것 하나 때문에 나는 아들을 그 학교로 보냈다. 내 주변에는 성공한 사람이 없기 때문에 성공한 사람들의 생각, 방향을 인도해 주는 말 한마디, 미래발전적인 이야기, 이런 것들을 제공해 줄 수 없었다. 그런데 학교에서 잠깐씩이라도 그걸 해줄 수 있다면 그것만으로도 아이가 앞날을 결정하는 데 좋겠다 싶었던 것이다. 우린 경기상고를 선택한 걸 참 잘한 선택이라고 생각한다.

이 학교는 성공한 선배 기업인들이 와서 성공학 강의를 자주 해주었고, 이것이 아들의 생각을 확확 발전시키게 되었다. '나도 성공한 인생을 살아야겠네, 이렇게 살아야지' 하는 가이드가 된 것이다. 아들은 이후로 부쩍부쩍 커지면서 미래형 꿈들이 구체화되기 시작했다.

우리 주변에는 선한 영향력을 미치는 사람들이 있다. 부정적인 말은 자제해야 하고 긍정적인 말은 가까이 해야 하듯이, 사람 또한 선한 영향력을 끼치는 사람들을 될수록 많이 가까이 하면 좋다.

'나'로서 살고 있는가?

결혼 후에 대부분의 여자는 '나'로서 살기가 무척 힘들 것이다. 내가 40대에 우울증으로 힘들어했을 때 어쩌면 그 부분이 가장 힘들었을지도 모르겠다. 열심히 살아왔지만 어느 날 보니 내가 없었다. 삶에 지쳐 더 이상 살아야 할 이유마저 알 수 없는 여자가 있었다.

나는 '나'를 위해 살고 싶었다. 일을 하는 것도 여행을 하는 것도 '나'를 위해 하고 싶었다. 그래서 국내 100대 명산을 다 올라 보리라고 다짐을 하고 산행을 시작했다. 그렇게 10년간 나는 전국의 명산은 거의 다 가보게 되었다. 마음이 생겼다면 길은 찾으면 있었다. 나는 그렇게 '나'를 사랑하는 일을 시작했고 그 뒤로는 일밖에 없는내 삶을 원망하지 않게 되었다.

50대에 새로운 도전을 하면서 나는 용기를 내야 했다. 산행을 다닐 때 외에는 별로 신발 신고 밖으로 나오는 일이 없었던 내가 화장품과 건강기능식품을 들고 아는 사람들을 찾아간다는 것은 자존심의 문제보다 더 깊은 좌절을 느끼기도했다. 그렇게 큰 성과도 없이 1년을 버티다가 영어 한마디 못하는 내가 미국으로 가서 개척을 하며 일하겠다고 돌아오지 않았다. 힘든 일도 있었지만 그래도 용기를 내고 일할 수 있었던 건 어느 날 날아온 아들의 메일 한 통 덕분이었다. 당시만 해도 카카오톡이 보편화되기 전이라 국제전화요금이 아까워서 메일로 소통을 했다.

"엄마, 책에서 읽었는데 사람은 세 부류로 나눌 수 있대. 첫째, 꿈에만 매달려 생활은 뒷전인 사람, 둘째, 먹고살기 위해 자기 꿈을 포기한 사람, 셋째, 생존과 자기 꿈을 모두 얻은 축복받은 사람. 나는 엄마가 축복받은 사람이 된 것 같아 너무 기뻐. 몇 년 전까지만 해도 두 번째 분류에 속해 있지 않았을까 생각이 드는데.

성공할지 안 할지도 모르는 일을 위해 엄마가 하던 일을 포기하는 그 용기, 정말 아무나 갖지 못하는 걸 거야. 엄마는 대단한 사람이고 그 누구에게도 지지 않을 사람이니까 앞으로도 더 열심히 노력하면서 사는 모습 내게 보여줬으면 좋겠어.

항상 열심히 하는 엄마 모습 보면 마냥 기뻐. 늘 지금처럼 삶을 열정적으로 살아갔으면 좋겠어. 돈을 벌든 못 벌든 엄마가 다니고 싶어하던 외국 돌아다니는 것 보면 행복하고 지금 그 상황을 즐기고 이 순간의 행복을 느끼며 생활했으면 좋겠어.

집에 아들 두고 왔다고 마음 쓰지 말고, 쓰지도 않겠지만. 혹시나 마음 쓰인다면 거기 사업하겠다는 사람들에게 마음 더 써줘. 내 마음 알지, 항상 엄마 응원하고 사랑하는 거."

당시 고등학교 2학년 아들은 엄마가 해야 하는 일에 대해 응원을 하고 있었다. 혼자 일어나 밥 먹고 학교 가고 혼자 빨래하고 혼자 청소하고 다 해야 했는데도 말이다. 아들의 칭찬과 응원은 내가 해야 하는 모든 일을 책임지는 사람으로 만들었다.

BMW 타고 알바하는 아들

거실 테이블 앞에서 노트북을 펼쳐놓고 글을 쓰는 걸 보면서 대학생 아들이 방학 중에 일할 거리를 찾았다며 다가왔다. 알바

자리를 이것저것 알아봤는데, 아웃렛 매장 외부 행사장에서 하루 12시간 옷을 파는 데 10만 원을 준단다. 따져보니 최저 임금이다. 오가는 출퇴근 시간을 감안하고 기름 값을 빼면 다른 일을 하는 것보다 손해라면서 노가다라도 하려고 알아보니 교육비용이 4만 원이 있단다. 그래서 택배 배달 서비스 일을 우리 아파트와 인근 아파트 두 군데 모두 하기로 결정했다고 하길래 잘했다고 했다.

물류센터에 가서 배달할 택배상품 박스들을 가져다가 각기 집에 배달하는 일인데, 한 건에 1000원을 준단다. 5박스가 됐든 10박스가 됐든 무조건 한 건에 1000원이다. 아들이 타는 승용차가 크지 않아서 한꺼번에 짐을 다 못 싣고 왔다며 잠시 집에 와서 밥을 먹고 나가는 아들을 보며 계산을 해보았다. 나름 운동한다 생각하며 하니까 처음이라 그런지 할 만한 것 같다는 아들은 물류센터에 두 번을 갔다 와야 하니까 시간당 최저 임금은 좀 넘어서는 액수다.

물류센터 사람들이 아들을 보며 의아한 시선을 보낼 것이 예측되어서 웃었다. 젊은 애가 8000만 원 정도하는 BMW를 타고 와서는 건당 1000원짜리 알바를 하다니 '쟤는 뭐니?' 할 것 같다.

아들은 인천에서 학교를 다니기 때문에 그곳에 오피스텔을 얻어주었다. 주거비와 차량 유지비를 포함해서 300만 원의 생활비를 주고 있다. 어떤 서민들에겐 한 달 월급이 될지도 모르는 돈을 생활비로 쓰고 있지만, 부모 덕에 살 수 있는 그런 삶이 어쩌면 불안한지도 모르겠다. 그래서 스스로 할 수 있는 일과 고생에 대한 면역과 삶의 자세를 배우고 싶은 것일 게다. 젊어서 고생해 보지 않으면 삶의 어려운 순간들마다 꺾이고 절망하기 쉬울 테니까, 나는 아들이 그런 알바를 하는 걸 즐겁게 지켜보고 있다.

"젊어 고생은 사서라도 하는 거란다. 삶을 너무 편하게 살려고 하면 안 돼. 삶은 물질적 풍요로움보다 자기가 하는 일의 가치로 성취감을 느끼는 거야. 존귀한 삶은 경제적 풍요가 아니라 인생의 가치와 성취감으로 인한 풍요로움이 가져다주는 거야."

아들은 "돈 많아서 편히 살면 좋지"라고 말하면서도 이런 고생을 시키지 않아도 하는 걸 보면, 자식 걱정은 덜었다 싶다. 아들이 고등학교 3학년 졸업을 앞두고 겨울방학 동안 아르바이트를 해서 처음으로 번 돈을 모두 털어 나에게 지갑을 선물해 줬다.

명동 롯데백화점 명품관에 가서 100만 원 상당의 명품 지갑을 골랐는데, 평생 처음 받아본 큰 선물이었다. 난 아직도 지갑 하나 사자고 100만 원씩 쓰지는 못한다. 몇 번이나 왔다 갔다 하여 내가 자꾸 눈길을 주니까 그 지갑을 골라 예쁘게 포장시켜서 내게 안겨 주었다. 내가 아직 애터미 로열리더스 클럽에 입성하기 전이었는데 명품 환경이 명품 인생을 만든다며 명품 인생은 돈 좀 벌었다고 한순간에 만들어 지는 게 아니고 생각, 환경, 품격을 지속적으로 관리해야 만들어지는 거라면서 내게 생각부터 크게 갖추라며 선물한 것이다. 나는 7년이 지난 지금도 그 지갑을 보물처럼 가지고 다닌다.

4장

또 다른 나를
찾아가는 여행

처절했던 40대,
나는 살고 싶었다

 불혹(不惑), 아름다운 나이 40, 그 어떤 것에도 갈팡질팡하거나 흔들리지 않고 단단하다는 불혹의 나이에 나는 수없이 갈팡질팡했고 수없이 힘들어야 했다. 너무 많이 아팠고 너무 많이 힘들었다.

친정엄마의 하나뿐인 아들이자 모든 삶의 희망이었던 남동생이 자기 사업을 해서 부자로 잘 살아보겠다고 잘나가던 KT직장을 그만두고 몇 번씩 사업을 하다가 결국은 길거리로 나앉게 되는 신세가 된 것이다. 동생은 빚에 쫓겨 이혼을 했고 유치원에 다니는 두 손주 녀석들은 70이 넘은 엄마가 책임져야 했다. 평생을 벌어서 장만한 엄마의 전 재산인 집과 논은 경매로 넘어갈 상황이었다.

친정에 가면 엄마의 신세 한탄이 시작되었고, 한겨울에도 난방을 못해 차가운 집 안에서 전기장판 하나 켜놓고 3명이 붙어서 자는 모습을 지켜보는 것이 정말 싫었다. 엄마는 새벽밥을 해먹고 버스를 타고 10킬로미터 거리도 멀다 않고 농사 날품팔이를 다니면서 몇 천원 더 벌자고 삽 들고 괭이 들고 해야 하는, 남자가 하는 일들을 하셨다.

친정 형제들이 구할 수 있는 모든 돈을 모아 경매로 넘어가는 집만은 건져놔야 엄마가 손주들 데리고 살아갈 거라 입을 모아 이야기했지만, 나는 아이들도 고아원으로 보내야지 엄마 아빠가 정신차릴 거라며 모진 소리를 해댔다. 그렇지만 그놈의 핏줄이 뭔지 결국 나는 주택부금도 해약하고 아들의 차세대 저축도 해약했다. 세 자매가 모을 수 있는 모든 돈을 끌어당기고 대출을 받아 집은 건져냈지만, 나는 그 대출금까지 책임져야 했다.

구두쇠, 짠순이로 친구 하나 제대로 만들지 못하고 지나간 청춘이 매달 대출 통장에 차압당한 것 같은 느낌이었다. 마이너스 대출 통장으로 들어오는 내 수입의 모든 것이 빠져나가고 어릴 적 친구들 모임에서 낼 회비 1만 원이 아까워서 그 모임마저 빠져야 했다.

모래알 씹는 것 같던 우울했던 40대

사는 게 뭔지, 난 왜 그토록 열심히 살았나 회의감이 들었고, 끝내 나는 심한 우울증에 시달리며 삶을 포기하고 싶은 나날을 보내야했다. 밥을 정말 좋아해서 밥 없이는 못사는 내가 '밥알이 모래알 같다'는 말을 실감하면서 3개월 만에 13킬로그램이 빠졌다. 불면증에 시달리는 드라마 주인공을 볼 때면 말도 안 되는 소리라고 너무 할 일 없어 겪는 사치병이라고 했던 나였다. 머리 대고 눈만 감으면 잠이 들어서 불면증 좀 걸려봤으면 좋겠다던 내가 그 불면증으로 인해 살기도 싫어졌다.

그러다 정말 살기가 싫어졌을 때 죽음을 생각하니 살고 싶단 의지가 생겨났다. 이렇게 살다 죽으려고 그렇게 견뎌왔단 말인가. 나를 위해서, 나만을 위해서 한 번이라도 살아본 적이 있는가? 어떻게 하면 이 상황 속에서 빠져나가 내가 살고 싶어질까? 뭘 해야 할까? 돈 들이면 할 것은 많겠지만 나는 돈을 쓰며 살 수도 없었다. 돈 없이도 할 수 있는 걸 찾았다. 동사무소 노래교실도 가봤다. 여행을 좋아한다고 말하면서 여행 한 번 제대로 해본 적 없는 삶이었던 걸 깨달았다.

그래, 여행을 다니자. 돈 없이 다닐 수 있는 여행을 찾아보자. 그렇게 산악회에서 관광버스 요금 왕복 2만 원에 다녀올 수 있는

지방 산행을 골라 다니기 시작했다. 산에 오르기 시작하면 버스가 하산 지점으로 가버리니 되돌아서 내려올 수 없는 코스들이었다. 그러니 낙오되지 않으려면 죽기 살기로 따라다니면서 견디고 올라가야 했다. 매달 한두 번 일에 지친 몸을 이끌고 산행을 하는 게 힘겨웠지만, 쓰러질 듯한 몸을 다독여 죽을 힘을 다해 열심히 오르락내리락 하면서 다녔다. 차만 타면 잠만 자는 내 옆에 사람들은 앉고 싶어 하지 않았지만, 그래도 나는 열심히 다녔다.

봄이 오면 연록의 싱그러움에 취했고, 여름이면 비오는 듯 땀에 젖은 몸으로 얼음같은 계곡물에 발을 담궜고, 가을이면 붉게 물든 단풍에 넋을 뺏겼다. 그리고 겨울이면 순백의 하얀 눈 속에서 견디며 봄을 기다리는 헐벗은 나무들을 보며 내 인생에도 봄날이 올 거라고 희망을 키워갔다. 아무리 아름답고 멋진 산도 오르막이 있으면 내리막이 있고, 정상에 올라가서야 해냈다는 자부심과 성취감을 느낄 수 있으며 그제서야 땀을 씻겨내는 바람도 달콤해진다는 것을 깨달았다.

정상에 오르면 구름에 덮인 산도 신비롭고 보이는 풍경 하나하나가 전부 아름답다. 오르는 과정이 힘들면 힘들수록 뿌듯함은 커진다. 밥맛이 돌아오기 시작한 건 그때부터였다. 살고 싶어진 것이다. '다시 시작하는 거야. 인생은 돈이 전부가 아니야.' 전국의 100대 명산을 전부 가보리라 결심하고 매달 산행을 했다. 아름답지 않은 산은 없었다. 설악산, 한라산, 지리산, 금강산, 백두산……. 이런 명산은 산기슭이나 중턱에서 관광처럼 둘러보는 것으로는 제대로 된 모습을 절대 볼 수 없다. 적어도 7시간에서 15시간 이상을 봉우리마다 오르락내리락해야 제대로 볼 수 있다. 그러다 보면 산행도 우리네 인생과 같음을 알게 된다.

산에서는 굽이굽이 비탈지고 낭떠러지도 있다. 험준한 바위벽도 타고 올라가야 할 때가 있다. 그러고 나면 반드시 확 트인 정상에 오르고 아름다운 경치와 함께 성취의 뿌듯함으로 가슴이 벅차오른다. 평탄한 길만 걸어서는 절대 정상을 갈 수 없다. 살아가는 하루하루 최선을 다하다 보면 어느새 내 삶도 완성되는 것임을 깨닫는다. 큰돈을 벌고 큰 명예를 얻어야만 성공한 삶은 아니다. 내가 원하는 모습으로 살 수 있으면 충분하다. 그렇게 나는 우울증에서 벗어나 새로운 마음으로 살기 시작했다.

인연이 쌓여 다시 살아가는 힘을 주고

40대를 그렇게 보냈다. 지금 생각해 보면 나는 그때도 참 무식했던 것 같다. 어린 아들을 데리고 설악산 오색약수터에서 시작해 공룡능선과 봉정암을 거쳐 백담사까지 가는 길을 등산화도 아니고 꼭 끼는 운동화를 신겨서 다녀왔다. 총 산행시간 17시간을 다니는 동안에 아들은 발가락이 부르트다 못해 문드러져 있었다. 그걸 견디고 절뚝거리면서도 행여 엄마가 다칠까 봐 보호하면서 따라다니곤 했다. 미리 내려와 백담사에서 휴식시간에 간식을 드시던 의사 부부가 절뚝거리는 아들을 보고 응급 처치로 소독을 하고 약을 내주었다.

지금은 추억이 되어버린 그때가 가끔 그립다. 등산화 살 돈도 아끼며 살았지만 돌아보니, 사람들 속에서 위로를 받고 사람들 속에서 기쁨을 나누고 사람들과 함께 어려움을 헤쳐나갔던 때였다. 고통은 서로를 하나가 되게 한다.

10년여 동안 해외를 다니면서 낯선 곳에서 낯선 사람을 만나 소중한 인연들을 만들어 왔다. 그 인연들이 쌓여 삶이 채워지고 다시 인생이 그렇게 흘러가는가 보다. 해외에 있을 때마다 조금씩 시간을 내서 SNS 공간에 낙서처럼 글을 올리곤 했는데, 썼던 글이 있어서 옮겨본다.

세상에 나 같은 사람이 또 있을까?

여행을 다니면서 어딘지도 모르고 다닌다.

물어봐서 알려줘도 잊고 투어를 하면서 감탄을 하고도 잊는다.

그래서 여행기를 쓸 수 없다.

오늘은 칠레에서 아르헨티나로 국경을 넘는 버스를 타고 이동하는데 일행 중 볼리비아에서 칠레로 넘어올 때 받은 PDI 임시체류증을 잃어버린 세 명이 버스를 못 탔다. 칠레에 입국할 때 준 건데 임시체류증이란다. 그게 없으면 비행기는 별 상관없지만 버스로 국경을 넘을 때 버스를 태워주질 않아서 다시 재발급받아 오후 버스로 왔다.

칠레 국경을 넘어 아르헨티나로 넘어오는 산등성이마다 가을 색으로 얼마나 아름다운지 가슴을 뛰게 했다. 밑으로 내려올수록 산은 여름빛이었으나 호수를 끼고 산 굽이굽이 절경을 이루며 전경이 환상이었다.

국경을 넘어와 잠시 머문 시골버스정류장.
담쟁이덩굴이 나지막한 담을 기어올라 정겨움이 물씬 풍기는 국경의 시골 마을 곳곳을 내려서 걸어보고 싶었다.

바릴로체에 도착해 환전부터 하고 호텔로 택시로 이동했다.
룸을 배정받고 광장으로…… 그리고 대통령 전담요리사가 운영한다는 레스토랑으로 스테이크를 먹으러 갔다. 푸짐하고 맛있었다.

관광객들이 즐비한 거리엔 담색보단 울긋불긋 형형색색으로 짜깁기한 듯 많은 사람들이 어울려있다.

실컷 먹고 즐기고 오니 늦게 도착한 세 사람이 우릴 향해 원망을 퍼붓는다. 뭇매라도 치고 싶은 심정인 것 같다. 이렇게 벌써 여행이 한 달을 훌쩍 넘어가고 있다. 술을 못하는 나는 이 여행을 통해 와인을 매일처럼 마시니 여행이 끝나면 술꾼이 되는 건 아닌지 모르겠다.

나의 첫 동반자에게
인정받다

 나는 2009년 2월 말에 회원 가입을 하고 3월 1일에 회원번호를 받았다. 그런데 사실은 1월 석세스 세미나를 듣고 그 자리에서 이미 사업으로 해보겠다고 결심을 하고 집에 오자마자 앞으로 10년을 더 미싱을 하려고 생각하고 새로 샀던 미싱을 팔아버렸다. 사람을 만나러 다니는 일인데 미싱을 하면서는 성공하지 못할 것이라고 직감했기 때문이다. 10년 동안 미싱 일을 열심히 해서 노후 준비를 해놓는 것보다 나에게 훨씬 큰 소득이 될 것이라는 계산도 있었다.

애터미에서는 첫 직급을 유지하는 정도로 소비자들의 매출이 형성되면 한 달에 200만 원 정도는 수당을 받는다. 이걸 어떤 사람은 15일 만에 해버리는 사람도 있다. 반면에 어떤 사람은 5년이 걸릴 수도 있다. 나는 10년을 목표로 시작한 일이었지만, 나를 너무 잘 알았기에 350만 원가량에 해당하는 화장품 세트와 헤모힘을 사서 쌓아놓고 매일 생각했다. '저걸 누구에게 소개하지?' 내가 제품부터 구입했던 이유는 내 성격상 또 인맥도 없었기에 생각만으론 일할 수 없을 것 같아서였다. 진짜 눈앞에 아까운 돈이 보여야 누군가를 찾아가서 말을 할 것 같았기 때문이다. 그런데 나는 그걸 파는 데 1년이 걸렸다. 정확하게는 팔았다기보다 "좋으니까 써봐. 일주일 후 정말 좋거든 가입해서 써"라고 권한 것이다. 그나마 써보라고 줄 사람도 없었기 때문에 1년이 걸린 것이다. 어떤 사람들은 20세트 정도의 제품을 소비자들에게 열심히 소개해 일주일에서 한 달이면 충분히 팔기도 한다. 하지만 나는 빈혈도 있고 기관지염도 있고 갑상선에 혹도 3개나 있다는 건강검진 결과를 듣고 건강을 찾기 위해 내가 산 헤모힘을 내가 다 먹었음에도 1년의 시간이 걸렸다. 어쩌면 한 달에 화장품 1세트 정도 소개를 한 듯하다. 이렇게 반편이 중의 반편이인 내가 제대로 된 파트너들을 만나 성공을 했다.

그렇게 첫 시작 5개월 동안 나는 한 사람도 세미나에 데려가지 못했다. 소비자뿐만 아니라 사업을 같이 해보겠다고 관심 갖는 사람도 한 명 없었다는 말이다. 소비자로서 다가가면 관계에 의해서

거나 품질이 좋고 가격도 저렴하니까 사주기도 했다. 하지만 회사
에 대해 알아보고 스스로 사서 쓰게 하려면 내가 설명을 잘 못 하
니까 세미나를 통해서 소개해야 하는데 같이 갈 사람이 없었다.

'친구도 없는데 누구한테 소개하지?'

그럼에도 불구하고 나는 2009년 1월에 속리산 1박 2일 석세
스 아카데미를 들은 이후로 한 번도 빠지지 않고 매주 목요일 콜
마BNH에서 있었던 원데이 세미나를 다녔다. 지금은 서울에도 일
산, 인천 등에서도 하지만 그때는 대전에서 매주 한 번 열리는 세
미나밖에 없어서 전국에 있는 사업자가 모두 모이곤 했다.

그때 세미나에서 회장님 강의 중 회사 얘기뿐 아니라 성경이
야기도 많이 하셨다. 그리고 성경 공부를 하는 2박 3일 사경회(査
經會)가 있을 때는 사경회에 와보라는 말씀을 하셨는데, 나는 성경
말씀에도 관심이 없고 하나님은 내겐 삶이 지치고 힘들 때면 원망
의 대상이었기 때문에 알고 싶지 않았다.

'천지를 창조하시고 전지전능하시다면서 왜 이렇게 세상은 불
공평한 거야? 사람도 자기 새끼는 어떻게든 잘 먹고 잘살게 하려
고 죽기 살기로 노력하는데 인간을 만들었다는 하나님은 자기 자

식이라면서 왜 이렇게 힘들게들 살게 하는 거야. 천국과 지옥이 왜 있어야 하고 왜 악마와 천사가 있어야 하는데? 성경 말씀은 전부 인간을 두렵게 하여 신을 숭배하게 하기 위한 종교에 불과해' 하고 생각하면서 거부했었다.

그런 나를 보다가 동생이 말했다. "누나, 사경회도 사업의 연장선이라고 생각하고 한번 가 봐. 본사 직원들도 있으니까 얼굴도 익힐 겸해서." 그 말에 동생 체면도 살릴 겸 가봐야겠다는 생각으로 참석하게 되었다.

그렇게 사경회에 가게 되었는데 나는 그곳에서 나의 첫 사업자 파트너를 만났다. 사경회에 혼자 가기 싫어서 매주 애터미 세미나에 다니면서 사귄 동갑내기 친구와 사경회에 함께 갔는데, 그녀는 다른 화장품 회사 방문판매를 하면서 그 화장품이 비싸서 못 쓰겠다는 사람이 있으면 애터미 화장품을 권하곤 하는 친구였다. 본인은 애터미 화장품을 쓰고 있어서 사경회 숙소에 애터미 화장품과 치약을 가져와서 샤워실에 두었는데, 누군가 이게 숙소에서 비치해 놓은 건 줄 알고 쓴 것이다.

한 방에서 8명이 잤는데, 누군가 치약과 폼클렌징 제품을 쓰고는 "뭔데 이렇게 좋지?"라며 샤워실에서 나왔다. 사경회는 애터미와 관계없는 곳에서 주관하는 행사라 애터미 회원보다 일반인들이 더 많았다. "근데 이게 뭐예요?"라고 물어보는데 폼클렌징 주인이었던 그 친구는 세미나 교육을 잘 안 들었기 때문에 잘 설명하지 못했고 내가 붙어서 설명을 해줬다. 5개월 동안 세미나를 들었던 보람이 있었는지 나도 모르게 제품 설명을 하고 있었다. "여기는 사업장 아닙니다. 성경 말씀 외에 다른 이야기는 삼가주세요. 불 끄시고 주무세요." 누군가 그렇게 말하면서 불을 꺼버렸지만, 깜깜한 속에서도 그냥은 못 자겠다 싶어서 계속 설명을 했다. 가만히 듣고 있던 그분이 "지금 설명하시는 분 누구예요?" 하고 내 이름을 물어왔고 나는 내 이름을 알려주면서 아침에 전화번호를 달라고 하며 잠을 잤다. 혹시 다른 사람이 먼저 언니를 가입시킬까 봐 늦잠꾸러기인 내가 새벽부터 일어나 그녀 머리맡에 앉아 있다가 일어나자마자 전화번호부터 받고 그 뒤 사경회가 끝날 때까지 그녀와 붙어 다녔다.

그 사람은 나중에 애터미에 대해 충분히 알아보고 가입하려고 회사에 전화문의를 했고, "소개하신 분에게 가입하세요"라는 응답을 듣고 나에게 다시 문의를 해왔다. 폼클렌징만 써봤으니 다른 것도 궁금해서 가입해서 써보고 싶다는 것이다. 나의 첫 사업자 파트너가 된 그녀는 그렇게 애터미 사업을 시작했고, 일을 잘해서 나보다 먼저 진급해서 세일즈 마스터가 되었다.

'미국에서 어떻게 했는지 한번 보여주시죠'

그렇게 만나 함께하게 된 나의 첫 사업자 파트너는 가끔 "분숙 씨 나 주웠잖아"라고 말하곤 했다. 애써서 공을 들여 모셔다놓고 역량을 발휘해서 이끌어온 파트너가 아니라는 의미였다. 그녀는 다른 네트워크 회사에서 일했던 경험이 있었다. 그전 회사의 폼클렌징은 하나에 8만 5천 원이고 애터미는 4개가 3만 6백 원이니 낱개로 8천 원도 안 되는 거라 10% 가격도 안 되는 것이지만, 써봤을 때 저가의 애터미가 느낌이 더 좋아서 놀랐던 것이었다. 다른 회사 네트워크 판매를 하면서 8만 원짜리 폼클렌징도 팔았던 그녀에게 8천 원짜리를 파는 건 일도 아니었던 셈이다.

2010년 내가 미국에 다녀온 후, 2011년 중국 소비자들을 위해 애터미 회원 가입을 잠깐 열어놨던 적이 있다. 내가 중국으로 간다고 하니까 나의 첫 사업자 파트너가 같이 가겠다고 했다. 내가 미국에서 어떻게 하고 왔는지 궁금했던 것 같다. '중국에서도 어디 한번 똑같이 해봐라' 하는 생각이었을지도 모른다.

미국에서처럼 중국에서도 역시 한글 간판이 걸린 곳은 모두 찾아서 다니기 시작했다. 다른 점이 있었다면 미국에서는 현지인이 애터미에 대한 정보를 나에게 처음 들었는데, 여긴 이미 애터미에 대해 알고 있고 쓰고 있는 사람이 많았다는 점이다. 베이징에 있는 교민이나 조선족들은 이미 애터미를 알고 있는 사람이 많았다. 어느나라 사람이든 본인이 써보고 좋은 건 가까운 사람에게 먼저 알릴 테니까 어디든 제품이 전해지는 것은 얼마든지 가능하다. 현재 애터미 회원이 400만 명이니 전 세계에 자신들이 아는 인맥이 있으면 그들을 통해 교민들에게 먼저 퍼지고 현지인들에게 퍼질 수 있는 것이다.

우리가 다니는 곳은 대체로 열린 공간인 옷가게, 네일숍, 미용실 등 여자들이 자주 갈 만한 곳이었다. 그러나 매장에서는 자기들하고 연관도 없고 계속 있을 사람도 아닌 사람에게 뭔가를 해주기 싫어했다. 한국에서 왔다 갔다 하는 사람들도 워낙 많고, 그들도 한국에 쉽게 오곤 했기 때문에 제품을 하나 쓰는 것도 생각을 많이 하며 망설이곤 했다.

"듣기 싫어요. 다시 오지 마세요" "관심 없어요" 하는 사람들에게 "네, 안녕히 계세요" 하고 나오면 다음에 갈 때 이미 거절당한 곳이기 때문에 더 콩닥콩닥 가슴이 뛸 것 같아 나는 "다음에 또 올게요" 하면서 나오곤 했는데, 그러면 꼭 다음에 오겠단 약속 같아서 다음에 또 들어가기가 쉬웠다. 가게 주인에게 하는 인사가 아니라 나 자신에게 하는 다짐인 셈이었다. 그렇게 하면서 한 명씩 두 명씩 가입하는 사람도 생기고 관심 갖는 사람도 생기곤 했다.

한편 다른 사람에게 회원 가입을 하고 사업을 시작한 사람도 있었는데, 제품만 샀을 뿐 사업 내용을 정확히 모르는 사람도 있었다. 제품이 좋아서 갖고 오면 잘 팔리니까 판매는 하고 있는데 사업 방식을 잘 모르고 있으면, 그 사람에게는 어떻게 사업을 해야 하는지 설명해 줄 때도 있었다. 사업 설명부터 수당을 어떻게 받는지, 매출에 대한 관리까지 몇 시간씩 설명을 해주니까 동행한 파트너는 나를 바보라고 했다. 자기 라인의 사람도 아닌데 뭐하러 시간 들여 설명하고 있느냐는 것이었다.

그러나 나는 그렇게 생각하지 않았다. 이 사람들이 일을 잘해서 애터미에 대한 인식이 좋아져야 내가 전하는 다른 사람에게 권유하기가 쉬워진다고 생각했다. 지금 어느 나라에서나 애터미가 그런 것처럼 말이다. 이미 애터미 제품이 좋고 싸다는 얘기를 한두 번쯤 듣고 나면 누군가가 소개하러 왔을 때 큰 거부 없이 "그래 한번 써볼게" 할 수 있다는 것이 내 생각이었다.

방문판매는 또 다시 방문이 이뤄질 수 있도록 관계부터 맺어가는 것이다. 초창기에 아무것도 모를 적에는 소비자도 두렵다. 사람이나 제품에 대한 두려움이 있다. 그것을 소비자가 좋아할 수 있도록 만들어놓으면 그다음은 쉬워질 것이었다.

나보다 두 살 언니였던 나의 첫 사업자 파트너는 같이 다니면서 내 행동과 태도를 보다가 하루는 이렇게 말했다. "앞으로는 '스폰서 님'이라고 부를게요. 스폰서 님처럼 이렇게만 하면 못할 일이 없겠네요. 미국에서 어떻게 일하면서 성장했는지 알 것 같아요." 네트워크 사업을 해봤던 경험이 있고 제품도 잘 팔곤 했던 그녀는 내가 아무것도 모르는 초짜인 데다가 1년간 성과를 못 내는 모습을 지켜보면서 내가 일을 전혀 모른다면서 "분숙 씨"라고 부르곤 했다. 그렇지만 앞으로는 상위 사업자를 의미하는 '스폰서'라는 이름으로 대하겠다는 뜻이었다.

지금은 그녀가 자신의 센터에서 강의를 해달라고 요청하기도 한다. "우리 스폰서가 처음에는 아무것도 모르는 사람이었는데, 지금은 이렇게 큰 사람이 되었습니다"라고 소개하곤 한다. 누구보다도 네트워크 사업을 했던 경력자로부터 인정을 받게 된 사실이 너무 감사했다.

멀리 가려면 함께 가라

누군가와 함께하는 일을 할 때는 온 마음을 다해야 하는 것 같다. 이익과 손해를 따지면 마음을 모을 수 없다. 특히 영업에서는 돈이 아니라 태도가 자본이다.

나는 일을 하기 위해 혼자서 사람을 만나는 게 무서웠다. 아군이 될지 적군이 될지 모르는 사람들을 응원군도 없이 혼자 힘으로, 내가 하는 말에 힘을 실어 나를 따라오게 하는 일이 어찌 무섭지 않단 말인가. 능력자들은 그걸 즐긴다고 하지만, 나는 모르는 사람을 만날 때면 심장이 쿵쾅거리곤 했다.

그럴 땐 심호흡을 크게 하고 어깨에 힘을 팍 준다. 그리고 내 말을 많이 하기보다 상대가 많은 말을 하도록 유도해 간다. 대체로 많은 사람들은 듣기보다 말하기를 좋아한다. 자기 말을 많이 하다 보면 마음이 열리고 상대에게도 말할 기회를 주려고 한다. 그때 잠깐 내 이야기를 간단하게 한다. 내가 하는 말은 항상 같았다. "함께할 좋은 파트너를 찾습니다."

나는 혼자 하는 것이 무섭기 때문에 함께할 사업자 파트너가 생기면 더 이상 사람 찾는 일을 안 하고 그가 승급할 때까지 함께 하곤 했다. 자기 능력만 믿고 일하기보다 좋은 사람들과 함께 손 잡고 가는 것이 더 좋았다. 힘들수록 아군을 만들어라. 동행자가 생기면 무서움은 점점 작아지다가 없어진다.

도쿄에서의
아릿한 추억

 2010년 미국을 다녀온 이후로
나는 애터미 지사가 오픈되는 곳이라면 어디든 다니면서 일을 했
다. 일본, 타이완, 필리핀, 말레이시아 등은 내가 거주지를 구해
놓고 사업자들과 연결된 사람들을 돕기 위해 움직였던 곳들이다.
2011년 일본도 그렇게 가게 되었다.

내가 처음 갔던 일본은 오사카였다. 그때는 다른 사업자를 따
라간 것이라 별 두려움이 없었다. 하늘 위에서 본 오사카는 마치
유령도시 같은 느낌이었는데, 마중 나온 마사지숍 원장님을 따라
차를 타고 가면서는 조용하고 쾌적한 도시라는 느낌을 받았다. 일
본의 중상류층 정도의 생활을 하고 있다는 원장님 댁에서 저녁 준

비를 했다고 해서 집으로 갔는데, 한국과 다른 아기자기한 공간 활용과 실용성 있는 깔끔한 인테리어가 인상적이었다.

다음날 난생처음 전신마사지를 받았는데, 마사지사들에게 너무 미안해서 몸을 맡겨두기가 민망할 정도였다. 그게 얼마나 좋았던지 지금도 간간이 기회가 될 때마다 전신마사지를 받지만, 그날 받았던 것처럼 시원하고 행복한 느낌은 어디에서도 가질 수 없었다. 첫 경험이어서 그랬을까.

시내 구경을 다니면서는 쓰레기 하나 없이 깨끗한 거리가 인상적이었다. 작은 공원에서 개인 재떨이를 소지한 채 담배를 피우는 사람의 모습에 놀라서 물었더니, 사무실 대부분이 금연이고 밖에서는 거리에 담뱃재나 꽁초를 버리지 못하게 되어 있어서 준법정신 투철한 일본인들이 개인 재떨이를 가지고 다니면서 담배를 피운단다. 그 국민성과 문화가 놀라웠다.

백화점을 둘러보고 온천에 가고, 파친코에도 다녔다. 환락과 쾌락을 쫓는 도시의 느낌이랄까. 왜 그렇게 일본에 대한 느낌들은 수없이 다르게 여겨지는지…….

그렇게 잠시 오사카를 다녀온 이후로는 요코하마, 도쿄, 지바, 삿포로를 다녀왔다. 그런데 오사카에서의 기억을 빼면 나는 내가 본 지구상 국가 중에서 가장 지옥은 일본이라고 표현할 만큼 실망이 컸다. 내가 본 일본이 전부라고 할 수는 없겠지만, 아마도 선진

국에 대한 큰 기대와 환상이 깨지면서 오히려 안 좋게 여겨진 듯
도 하다.

지진과 콩나물 대가리의 추억

2011년 5월 다시 도쿄로 갔다. 일본에 살면서 미국 파트너의
소개를 받아 제품을 쓰고 있는 분이 사업은 어떻게 하는지 알려
달라고 해서 가게 되었다. 8월에는 아사쿠사바시역 주변의 교회
로 가서 그곳 게스트룸에 짐을 풀었다.

목사님 부부가 출장이라도 가면 6층짜리 교회 건물에 덩그러
니 혼자 남아서 자야 하는데, 무섭긴 했지만 피곤하면 워낙에 누
가 업어가도 모르게 자다 보니 금세 잠이 들곤 했다. 어느 날은 침
대가 마구 흔들려서 잠에서 깼다. 잠결에 진동 소리를 느낀 것도
같은데 건물이 흔들리고 침대가 흔들리자 약간의 두려움과 함께
호기심이 일었다.

다음날 확인해 보니 지진이 있었다고 한다. 그해에 있었던 대
지진과 쓰나미 여파로 여진이 이어지곤 했던 모양이다. 며칠 전
중국에서 일본으로 유학 온 유학생 집에 갔었는데, 물컵을 서랍장
속에서 꺼내기에 물어보니 유리나 크리스털 제품은 지진에 흔들

리면 깨져서 위험해지니까 그렇게 안에 두고 쓴다고 대답했던 기억이 났다. 비상 전등과 아들이 좋아하는 간식 등을 담은 재난 키트도 열어서 보여주었던 기억이 났다. 비상사태가 발생하면 바로 들고 나갈 수 있는 가방이었다.

교회 건물에 혼자 있는 게 불안했던 나는 그곳을 나왔고, 나중에는 한국인들이 많이 거주하는 신오쿠보에서 방을 구해놓고 지냈다. 정말 딱 원룸 그대로 방 하나 화장실 하나 주방 하나가 있는 곳에서 지내며 다른 회사 화장품을 판매하는 언니와 함께 일하게 되었다.

이 언니는 화장품점 점원이었기 때문에 애터미만 취급할 수 없어서 시간이 날 때마다 부업으로 활동했다. 이 언니를 따라 교회도 가고 같이 움직이면서 지냈는데, 일본의 비싼 밥값을 절약하기 위해 언니 따라 시골 교회에 다니면서 교인들이 농사를 지었다며 토란이며 감자며 야채들을 가져오면 그걸 얻어다가 밥을 해먹곤 했다. 어느 날은 음식점 주방장 시험을 본다는 사람이 아구찜을 해야 한다면서 식재료 준비를 하는데, 콩나물 대가리를 뚝뚝 따내며 다듬고는 버린다는 그 콩나물 대가리를 가져다가 국을 끓여 먹기도 했다. 언니와 둘이서 그 콩나물 대가리로 끓인 콩나물 국이 너무 맛있다면서 서로 쳐다보면서 웃었지만 언니 눈에도 내 눈에도 눈물이 고여 있었다.

여행 갈 때만 좋은 나라?

놀러 가는 일본은 참 좋다. 하지만 일상생활 속에서 겪은 상류
층이 아닌 일본 체류자의 삶은 내 기억에 지옥처럼 남아 있다. 일
본에 산다는 건 쉽지 않은 일인 것 같다. 국제결혼을 한 여성들 중
에 여러 사람이 우울증에 시달리고 있었고, 부부라기보다 룸메이
트 같은 생활을 하며 하나로 합해지지 않는 공허함을 가지고 산다
고 했다. 모국은 싫으면서 그립고, 태어나고 자란 그곳은 좋으면
서 싫은, 익숙한 문화가 배어 있어서 편한 곳. 이민자들의 애환은
어디에나 있었다. 물론 이건 순전히 내가 느낀 감정일 뿐 사실은
각자 가지고 있는 생각이 다를 것이다.

도쿄에 처음 와서 교회 사택에 있을 때, 지진 때문에 불안했던
나에게 같이 있으면서 함께 일해보고 싶다고 자신의 집에 와 달
라고 요청했던 사람이 있었다. 그러나 처음 요청했을 때와는 다
른, 설명할 수 없는 불편함 때문에 그 집을 나와 다른 민박집을 찾
아 헤매고 있었을 때였다. 신오쿠보 한인타운 거리를 헤매면서 커
다란 캐리어를 끌며 걷는 지친 내 모습은 누가 봐도 불쌍했을 것
이다. 지쳐서 잠시 어느 집 대문 앞에 마냥 서 있던 나는 지나가는
한국인처럼 보이는 아주머니에게 말을 걸었다. 한국말을 할 줄 아
는 사람이길 빌면서. 그 분은 다행히 일본에서 태어난 교포 2세였

다. 그곳에서 나름대로 성공한 식당 여사장이라는 그분의 도움으로 나는 우여곡절 끝에 그 사장님 여동생 집에서 하숙을 하게 되었다.

일제 시대에 일본으로 건너가서 살던 한국인 2세로 태어났지만 일본이 한국인에게 영주권을 안 주는 탓에 일본인 남편과 살면서 영주권을 받아서 산다는 식당 여사장님의 동생 집에 가니 70세 정도 되는 일본인 남자가 나왔다. 그 동생분의 남편이었다. 여자가 벌어서 생활하는 계약 결혼과도 같은 삶을 사는 그 모습을 볼 때는 참 답답한 심정이었고 '왜 그렇게 살아야 하나' 하는 생각도 하게 했다.

그 동생분 집은 10평도 안 되는 원룸이었는데, 미닫이 옷방 같은, 딱 한 명이 누워서 잘 수 있을 만한 그 공간을 하숙방이라고 내주었다. 원룸 베란다를 방으로 쓴다고 보면 딱 맞을 만한 공간이었지만, 그래도 나에게는 어쨌거나 한국말을 쓰는 사람들과 생활해야 뭔가를 해나갈 수 있었고 하숙비도 다른 데보다 저렴했기 때문에 그곳에 머물게 되었다.

오! 나의 하나님

그렇게 그 집에 머물면서 나 스스로 하나님께 무릎 꿇는 이변이 생겼다.

남편이 모태신앙이라고 해서 남편따라 교회를 다니려고 노력한 적이 있다. 그런데 교회를 안 다닐 때보다 오히려 내가 하나님을 더 욕하는 것을 발견했다. 하나님 말씀을 들으면서 사람들 행동에서 이율배반적인 것을 느낀 것이다. 하나님이 모든 것을 창조하는 전지전능한 신이라면 어째서 사람들을 이렇게 힘들게 살게 할 수 있는지 뭔가 잘못된 것이라는 생각이 강해졌다. 교회를 다니면 다닐수록 하나님을 욕하게 되니 남편에게 "나는 교회는 맞지 않는 것 같다. 안 다니겠다"고 선언하기도 했었다.

그랬던 내가 일본에서 나도 모르게 예수님을 찾게 되는 일을 겪었다. 식당 여사장님의 동생 집에서 잠을 자는데 생생하게 가위눌림을 당한 것이다. 시커먼 사람이 내 목을 조르는데 꿈속에서도 어떻게든 이 상황을 벗어나지 않으면 다신 못 일어나겠다는 생각을 하면서 악을 썼다. 그러면서 벌떡 일어났는데 그 집 부부가 놀라 깨서 무슨 일이냐고 물었다. 아이러니하게도 하나님 욕하곤 했던 내가 무릎을 꿇고 십자가를 그리면서 "예수의 이름으로 명하노니 마귀는 물러가라"라고 소리친 것이다. 교인들이 그런 모습으로 열심히 기도하는 것을 보면 마치 미신처럼 여기며 정말 싫어하던 나였다.

그랬던 내가 회장님께서 권하는 사경회에 몇 번 갔다가 그곳에서 감동을 받아서 하나님을 받아들인 적이 있다. 그후로 지금은 하나님을 욕하던 행동은 멈추었다. 나는 하나님을 잘 모르지만 일본에서 그렇게 힘든 사람들을 보고 나니 내 안에서도 변화가 있었다. 의지할 데라고는 하나님밖에는 없는 사람들이 있겠다는 생각을 했다. 한없이 무섭고 힘들 때 내가 하나님을 찾은 것처럼 누군가 의지처가 필요한 사람들에게 사람보다는 신이라는 존재가 의존하기가 편안할 것이고 "당신이 의존하고 살 데는 하나님뿐이야"라고 알려주는 일을 하고 싶다는 생각이 들었다.

내 삶에서 최종적인 활동은 어쩌면 그런 것이 될지도 모르겠다. 나는 사실 아무나 돕고 싶지는 않다. 지하철에서 구걸하는 사람들을 만나면 나는 몸부터 살핀다. 멀쩡한 몸으로 구걸하는 사람들은 잔돈도 주고 싶지 않다. 그러나 진짜 몸이 불편해서 다니는 사람이라면 단돈 얼마라도 주고 가곤 한다. 먹고 노는 일, 자기 혼자 즐기는 일에 시간과 돈을 쓰는 사람들은 정말이지 돕고 싶지 않다. 그런데 일본에서 겪은 무서움 속에서 정신이 힘든 사람들이 안주할 수 있도록 나도 언젠가는 하나님 일을 하고 싶다는 생각을 하게 됐다.

언젠가는 공헌하는 삶

어느 날엔가는 도쿄에서 지하철을 탔는데 순간 멈칫하면서 놀라서 두리번거렸다. 문이 탁 열리고 첫발을 딛었는데 순간 '여기 장애인 전용칸인가?' 하는 생각을 했다. 앉아 있는 승객들이 모두 멍한 얼굴을 하고 앉아 있는데 정말 지쳐서 아무것도 의욕이 없는 듯한 사람들의 모습에 당황했던 것이다.

2019년 현재 한국에서 지하철을 타면 모두 스마트폰을 들여다보느라 얼굴을 마주칠 겨를도 없는 모습일 것이다. 2011년 당시 일본은 안정적인 직장보다 미래에 대한 보장 없이 아르바이트로 살아가는 젊은이들이 많아지면서 지하철 선로에 떨어져 자살을 하는 일이 발생하곤 했다. 그 바람에 지하철이 자주 멈춰서니까 지하철에 떨어져 죽게 되면 남은 가족에게 보상이 아니라 벌금 3천만 엔이 주어진다는 놀라운 이야기도 들었던 적이 있다. 나중에는 사고로 떨어진 사람도 자살로 보고 모두 벌금을 매긴다는 이야기도 들었는데, 이런 것들도 내가 일본을 지옥처럼 힘들게 기억하는 이유 중 하나였다. 부모가 사망을 해도 자식들이 연금을 타기 위해 적발될 때까지 사망 신고를 미룬다는 웃지 못할 이야기도 들었으니까말이다.

일본에 다녀온 지 어느새 7~8년이 지났는데 우리나라도 아르바이트로 연명하는 젊은 청춘들이 많아졌다. 경제가 어려워지면서 제대로 된 일자리를 얻기가 하늘에 별 따기란다. 무얼 하면서 살아갈지 어떻게 하면 될지 수없이 찾고 고민해야 한다. 이렇게 살고 싶다는 모습을 상상해 보라. 그리고 그렇게 살기 위해 얼마의 수입을 벌어야 하고 어떤 일을 해야 할지 생각해 보라. 알바 따위는 하지 말라는 얘기를 하는 것이 아니다. 지금은 비록 아르바이트를 하고 있더라도 뭔가를 준비하고 있어야 한다는 이야기다. 알바 인생으로 살기 위해 죽을힘을 다해 애쓰지 마라. 내 인생을 바꿀 만한 일을 죽을힘을 다해 찾아야 한다.

몽골의 사막 속에서
'나'와 싸우다

 나도 막연하게 부자로 살고 싶
다고 생각한 적은 있지만, 쉰살이 되기 전까지 나는 부자가 되기
위해 간절히 이렇게 저렇게 하겠다는 생각을 하지 못하고 살았다.
애터미를 알게 되고 사업을 시작했을 때도 부자가 되겠다고 결심
한 건 아니다. 사실 지금도 부자는 아니고 만들어가고 있는 중인
데, 노후 걱정이나 생활비 걱정은 안 하고 나름 하고 싶은 건 대부
분 할 수 있는 것만으로도 내겐 큰 성공이다. 나는 예전에 큰 꿈이
나 성공을 꿈꾸어본 적이 없기에 그저 내가 바라는 삶은 예나 지
금이나 전 세계 구석구석을 누비며 여행하는 삶이다. 세상 곳곳을
여행하며 오지를 다니면서 구호활동가로 활약하는 한비야 씨의

삶이 부러워서 그분이 쓴 책은 일부러 샀을 정도다. 『바람의 딸, 걸어서 지구 세바퀴반』에서 내가 원하는 삶을 그녀에게서 볼 수 있었다. 『지도 밖으로 행군하라』도 제목이 좋아서 샀던 책이다. 얼마 전 개명을 할까 하고 작명을 할 때도 "걸어서 전 세계를 다니고 싶은데 거기에 맞는 이름을 지어 달라"고 부탁해서 '밟을 도, 바랄 희'를 써서 도희라는 이름을 짓기도 했다. 결국 난 내가 원하던 삶을 이루었다.

나는 직장을 다니지 않고 집에서 일만 했기 때문에 고향친구 몇 명 외에는 사회에서 사귄 친구가 거의 없다. 애터미 사업을 하면서도 일 외에 개인적인 만남으로 사람들과 사귀거나 어울리지 못했기 때문에 친구라는 이름으로 편하게 만나는 사람들이 많지 않다. 늘 내게 외롭다고 생각하게 하는 원인같다. 그래서 요즘은 이런저런 모임을 찾아다니곤 하는데 늘 뭔가 허전한 건 마찬가지다.

내가 태어나던 1960년 주변의 세대는 굉장히 고생한 세대다. 요즘 젊은 사람들처럼 공부만 하고 같이 어울려 놀고 즐길 수 있는 시간을 별로 가지지 못했다. 나를 위해서 살기보다 가족의 일원으로 산업의 역군으로 잘살기 운동에 앞장서서 열심히 살아온 세대들이다. 특히 나는 초등학교까지만 졸업하고 바로 15살부터 돈 벌어 부모님을 도와드리면서 살아왔기 때문에 부모님께 용돈 받아본 적도 거의 없고 결혼해서도 가족을 위해서만 살았기 때문에 이제는 나를 위한 시간, 나의 시간을 가지고 싶어졌다.

이런 생각을 하는 사람이 우리 나이대에 많다. 나이를 생각하면 이제는 보상받을 시간도 별로 없고, 지금까지처럼 그렇게 산다고 해서 삶이 그다지 변할 것 같지도 않다고 생각한다. 살아온 경험으로 보건대 젊음이 다 가기 전에 현재를 즐기자는 분위기인 것이다.

이제는 해외여행을 일상처럼 여기는 데다가 노하우도 많아져서 쉽게 여행을 한다. 여기서 자신의 경제력은 별 상관이 없다. 연금을 받더라도 한국에서 생활하는 것보다 여행 가서 해외에서 생활하는 게 더 싸게 살 수 있는 방법이 되기도 하기 때문에 '해외에서 한 달 살기' 같은 시도도 참 많다. 여행 동행만 찾으면 비행기값도 안 되는 가격으로 패키지도 찾을 수 있다. 자꾸 다니다 보면 절약해서 저렴한 가격으로 훌쩍 갔다 올 수 있는 기회가 너무나 많다. 예전에는 해외여행이란 큰돈 들여야 갈 수 있는 특별한 것이었다면 지금은 그런 분위기는 아니다.

'이걸 포기해도 내가 당당해질 수 있을까?'

2017년 여름에는 순수 여행만을 위해 몽골에 다녀왔다. 원래는 야생화 널려있는 푸른 초원 위에서 말을 타고 달려보고 싶어서 승마를 배울 계획이었는데, 같은 조건의 마음 맞는 여자동행을 찾기가 어려웠다. 그래서 찾다 보니 몽골에서 열리는 '울트라 마라톤 대회'라는 곳에 일반인 자격으로 참여할 수 있는 기회가 있어 신청했다. 몽골 울트라 마라톤 연맹과 한국 울트라 마라톤 연맹에서 참가자가 많지 않으니 여행을 겸해서 참여하고 싶은 일반인들을 추가 모집한 거였다.

추진위원과 스태프들 외에 선수들은 거의 한국인들과 몽골인 몇명만 참여해서 내가 보기에는 국제 행사로까지 보이지는 않았지만, 소규모라도 마라톤 선수들이 사막을 뛰는 체험이었기 때문에 평상시에 운동을 안 하는 나 같은 사람에게는 극기훈련과도 같은 것이었다. 나는 걷기로 참가했는데, 첫날은 5킬로미터로 시작해서 다음날은 10킬로미터, 그 다음날은 20킬로미터, 이후엔 44킬로미터로 늘려가며 일주일 동안 총 225킬로미터를 달렸다. 우리가 달린 모든 구간은 사막이었는데, 하루는 모래산을 올라갔다 오는 관광 코스 같은 게 있었다.

그 모래산은 45도보다 더 급한 경사였다. 60도 정도 될까 싶은데, 한 발을 걸으면 두 발이 내려올 정도였다. 전부 모래로 돼 있어서 서서는 올라가지 못하고 모두들 기어 올라갔다. 마라톤 선수인 사람들도 경사가 급하고 모래가 쓸려내려오다 보니까 모두 기어 올라가고 있었는데, 일반인 중에는 포기하는 사람들도 있었다.

나는 맨 꼴찌로 올라갔다. 너무 힘들어 몇 번이고 주저앉고 엎어져 포기할까 말까 마음 속에서 갈등이 계속되고 있을 때였다. 갑자기 내 마음속에서 올라오는 소리가 있었다.

'이것도 못 견뎌낸다면 무슨 리더라고 할 수 있지? 나는 어렵고 힘들 때 그냥 포기하면서 다른 사람들에게는 인내하고 버티라고 어떻게 말할 수 있지? 그리고도 당당해질 수 있을까?'

일반인 개인 자격으로 참가한 곳이라서 기권한다고 해서 나를 비난할 사람은 아무도 없었지만, 나는 포기할 수 없었다. 마라톤 선수들처럼 전 구간을 다 뛰지는 않았지만 걷고 뛰고 하는 동안 어느새 몽골 고비사막의 울트라 마라톤 여정을 마칠 수 있었다.

그런 사막을 걷는다는 것은 평소엔 상상할 수 없는 일이다. 도시에서 마라톤 코스를 시작하면 산도 보이고 빌딩도 보이는데 이곳에는 아무것도 없다. 지평선 위에 서 있으면 그냥 '지구가 둥글구나, 나는 그 중심에 서 있구나' 싶다. 그런데 막상 해보면 걸을 만하다. 혼자 걷는 게 아니고 여럿이 걸었기 때문일 것이다. '나 혼자 만약 여기서 낙오되면 어디로 가야 할지도 모르겠지. 사막 안에 갇혀서 목말라 죽겠구나' 하는 두려움이 들었다. 나를 보호해 줄 수 있는 차량도 있고 행사요원도 있고 하니까 안심하고 갈 수 있었던 것이다. 그때 이런 생각을 했다. '무기수들을 이런 곳에 풀어놓고 살아서 나오면 자유, 못 나오면 사막에서 살아라, 라고 하면 감옥에 가두는 것보다 더 큰 형벌이겠는걸.'하는 엉뚱한 생각도 들었다. 그만큼 혼자 떨어지는 게 무서웠는지도 모르겠다.

사막을 걷는다는 건 처음엔 못 해낼 것 같은 일이었지만, 결국엔 내가 이렇게 할 수 있다는 뿌듯함을 느끼면서 새롭게 극복해내는 힘을 얻은 것 같아 좋았다. 여러 가지 감정이 범벅이 된 벅찬 경험이었다.

여행 또한 고생이다

2017년 몽골을 다녀온 뒤 여자 세 명이 함께 럭셔리 자유여행으로 네덜란드, 벨기에, 룩셈부르크를 다녀온 데 이어 2018년에는 97일간의 중남미 여행을 다녀왔다.

2월 19일부터 5월 26일까지 다녀온 중남미 여행은 미리 계획된 것도 아니었다. 여행밴드에서 누군가 펑크 낸 자리를 추가 모집하기에 갑작스레 결정해서 가게 되었는데 마치 맞춘 것처럼 16명 중 80퍼센트가 50대 후반, 그리고 나머지는 정년퇴직하고 온 60대 초반이었다. 경비는 미리 여행사에 호텔, 항공비로 1,200만 원을 지불하고, 나머지는 현지에서 각기 비용을 쓰는 것이었다. 항공비와 호텔비로 미리 지불한 부분을 제외하면 현지에서는 각자의 여행을 할 수 있었다.

동행 없이 가게 된 나는 첫 번째 룸메이트로부터 외면을 당했다. 같은 방을 쓰면서 첫 호텔에서 3일을 잤는데 아무 말 없던 언니가 다음 호텔에서 나랑 잘 수 없다고 한 것이다. 인솔자 포함 17명이 모여있는 호텔 로비에서 내가 코를 심하게 곯아서 나랑 잘 수 없다고 하는데, 그대로 발겨 벗겨진 느낌이었다.

97일간의 여행인데 코를 너무 곯아서 코 고는 사람이랑 잘 수 없다니 나는 어쩔 줄을 몰랐다. 앞으로 남은 일정동안 나 혼자 자겠다고 추가비용을 물었더니 전체 예약된 호텔 사정도 있고 3인이 자야 하는 조건으로 잡은 곳도 있어서 부분 부분은 가능하지만 전체는 그렇게 할 수 없단다.

참 많이 힘들었다. 함께 자는 사람들과 여행코스도 식사도 함께하는 경우가 많다 보니 룸메이트가 중요하기도 했다. 결국 그날은 제비뽑기로 룸메이트를 정하고 그 밤을 지새웠는데, 아침이 되어 일행 중 한 분에게 카톡이 왔다.

"아침 먹게 얼른 우리 방으로 오소."

그때 얼마나 감사했는지 모른다. 그 이후 같이 식사하는 팀들과 같이 팀을 이뤄 다행히 즐겁고 행복한 여행을 했다.

중남미 여행을 하기 전 미 동부 강의 일정이 있었다. 1월 25일부터 중남미 여행을 시작하는 2월 19일까지 뉴저지, 시카고, 애틀랜타 세 곳을 다녀왔다. 이 일정을 마치고 당시 파트너와 플로리다에 갔는데, 그때 쓴 글이 있어 옮겨본다.

웨스트팜비치를 떠나 벨글레이드 가는 길
하늘과 땅이 붙어 하나였다.
땅 위엔 푸른 초원에 갈대처럼 사탕수수가 끝없이 펼쳐져 있기도 하고 검은 흙이 뭔가 심어지기를 기다리며 속살을 그대로 드러내 놓고 있기도 했다.
파란 하늘엔 하얀 구름이 뭉게뭉게 솜처럼 떠있고 가슴이 확 트였다.
참으로 사람 심리가 시시각각이다.
지난여름 몽골 고비사막 투어 땐 사막 어느 귀퉁이였는지 한복판이었는지 모를 그곳에서 보는 지평선 끝에 닿은 파란 하늘과 사막은 두려움이 있었다. 그런데 이곳에선 평화요, 안정으로 느껴진다.
몽골 고비사막에선 혼자 떨어진다면 얼마나 두려운 일인지 생각만으로도 끔찍해서 장기수.무기수들 갱생하라고 그곳에 복역을 시켜도 좋겠다 생각할 만큼 두려운 땅이었는데 이곳은 반대로 힐링이 필요한 이들에게 쉼터로 보내면 좋겠단 생각을 했다.

차이가 뭘까 생각해봤다.

몽골은 물 한 모금 구할 수 없는 사막 황무지 땅이고 이곳은
강이 흐르고 식물이 자라는 초원이라는 차이밖에 없는데……
생명과 죽음으로 마음이 엇갈리기 때문인 것이다.

벨글레이드는 가난한 스페니시들 마을이었다.

대부분의 이민자들은 별로 잘살지 못하나 보다.

그중에 좀 더 가난한 이민자들이 멕시칸들 같다.

흑인들도 할렘가부터 시작해 못사는 사람들이 많지만.

그래도 한국인들은 굉장히 열심히 사는지라 대체로 극빈층은
별로 없지만 그래도 한국의 재벌가족 아니면 큰 부자도 많지
는 않은 듯하다.

트럼프는 가난한 이민자들이 정보 보조금을 다 축낸다고 이
민자들을 추방하고 이민을 거절하는 등 강경방침을 내보이는
데, 이를 적극 지지하는 사람들이 많다고도 했다.

사비를 털어 법안을 밀어붙이는 대통령, 정부 예산을 사리사욕
에 이용하지 않는 대통령이라는 평판을 받으며 반 트럼프 세
력들이 트럼프 지지자들로 바뀌어 가고 있다는 말도 들었다.

오늘은 올랜도에 왔다.

가난함이 그대로 드러나 보이는 집안 모습과 사람들 행색.

물론 행색을 보고 빈부를 측정할 수는 없지만 그래도 느껴지는 건 있는 법이다.

우리를 초대한 멕시칸 사장님이 커다란 들통 가득 고기랑 야채, 과일까지 잔뜩 넣은 이름 모를 음식을 해놓고 기다렸다. 이들도 우리네 문화랑 정 나눔이 비슷한 것 같다.

스페니시는 멕시코 쿠바, 페루, 에콰도르 등등 언어와 국적을 초월한 인종이라는 표현이 맞을지 모르겠다. 이들이 의아해 하는 것 중 하나가 왜 아시안들은 언어가 다 다르냐는 거란다. 중국어, 일어, 한국어 등등.

그렇게 반문하니 스페니시가 감각적으로 이해 되었다.

어쨌든 올랜도까지 오는 길은 환상이다. 올 적마다 새롭게 다가오고 감탄사가 터진다. 인간의 손이 많이 닿지 않은 자연 속에 있다는 것 자체가 힐링이다.

오는 길에 두 군데의 쓰레기 매립지를 지나왔다. 새의 종류는 알 수 없지만 새 떼들이 하늘을 날아가는 게 아니고 공중에 맴돌고 있는 곳은 쓰레기 매립지였다. 사람도, 동물도, 새 떼들마저도 먹을 것이 있는 곳에 몰려든다.

동양이든 서양이든 세상 사는 데가 다 똑같구나 하는 생각을 하게 되었다.

이렇게 순수 여행과 파트너들과 함께 일하며 여행하는 것들

을 비교해보면 일하며 파트너들과 함께 서로 위하며 구석구
석 그들의 생활까지 함께 나누며 여행하는 게 훨씬 행복하고
뜻깊다.

이제는 특별한 경우 외에는 일부러 여행을 위한 관광은 안 하
려 한다. 일 속에서 세계 곳곳을 누비려 한다.

진정 일하는
재미

 '일은 일을 없애는 게 일이다'라
고 박한길 회장님께서 줄곧 말씀하셨는데, 게으른 내가 가장 좋아
하는 말이었다. 여러 좋은 말씀 중에 특히 그 말씀을 좋아할 수밖
에 없던 내가 이젠 '일하는 것만큼 행복한 게 없다'로 생각이 또 바
뀌었다.

안 하면 안 되는 일을 할 땐 일이 너무 힘들지만 안 해도 되는
일을 하면 뿌듯한 행복과 대견함이 찾아든다.

나는 26세부터 50세까지 집의 방 한 칸 작업실에서 옷을 만들
면서 하루 평균 15시간 일을 하며 살았다. TV도 거의 보지 않았
다. 사람들은 가끔 나에게 "사오정 같다"고 했다. 그러면 나는 "사

오정이 뭔데?" 할 만큼 세상 속 언어마저 알지 못하고 살아왔다. 지금은 한 달에 2천만 원 이상의 소득을 올리는 애터미 로열리더스 클럽에 속해 있다. 애터미 안에서 성공자란 한 달에 1천만 원 이상을 벌어가는 리더스클럽 이상의 사람들을 말하므로 우리 사회에서 경제적으로는 고소득자의 성공자들이다.

성공이란 무엇일까? 사실 다른 사람이 생각하는 성공과 내가 생각하는 성공은 다른 의미일 수도 있다. 하지만 나는 내가 원하는 삶을 살고 있기 때문에 성공자라고 생각한다.

애터미 성공자들은 애터미 로열리더스 클럽 내에서도 다양한 직급이 있는데, 성공자의 구분은 연간소득이 얼마인지로 구분한다. 나는 2016년 연말까지 수당으로 로열리더스 클럽에 입성했다. 이제 2년이 지났는데 그 후로 2년 동안은 해외 개척영업을 하지 않았다. 그동안 해외로만 돌아다녀서 한국에서 다른 사업자와 교류하는 일이 없다 보니까 한국의 리더 분들과 얼굴도 익히고 교류도 하고 싶었기 때문이다. 또 절대 이룰 수 없을 줄 알았던, 막연하지만 꼭 해내고 싶었던 어릴 적 꿈인 책 내는 일을 위해 시간이 필요하기도 했다. 그리고 끝내 이렇게 책을 내게 됐다.

쉰다는 것의 의미

로열리더스 클럽 입성 후 나는 나만의 휴식 시간을 갖기로 했다.

나는 회사에서 짜놓은 일정에 맞춰 1년에 3~4개국씩 해외 강의를 다니는데 그 외엔 각자의 스케줄을 짜서 움직이는 것이 우리 하는 일의 특징이다. 그래서 TV 앞에서 하루종일 뒹굴뒹굴하며 있어도 누가 뭐라고 할 사람이 없다.

그러다 보니 지난 2년 동안은 너무나 푹 쉬는 시간을 보낸 것 같다. 가끔씩 미팅과 상담을 해주고 세미나 참석을 하는 것 외에 평소엔 가만히 침대에 누워 스마트폰을 들여다보거나 소파에 앉아 드라마를 보거나 했다. 60회짜리 드라마 한 편을 몰아서 본 적도 있었다.

그러다 어느 날은 내가 정말 힘들게 일할 때보다 이렇게 빈둥대는 삶이 더 자괴감이 들면서 이런 생각을 했다. '내가 이렇게 살아도 되는 건가?' 살아 있는 것 같지도 않았고 왠지 내가 잘못 사는 것 같았다. 이렇게 살면 안 될 것 같기도 하고 또 이런 생각도 들었다. '나는 나만을 위한 삶을 보내지 못하는 건가? 내 시간을 즐기고 자유를 누리는 게 힘든 건가?' 이게 자유일 수도 있겠지만 나는 이게 행복하지 않았다. 그래서 내렸던 결론은 '다시 일해야겠다'는 것이다.

나는 다시 현장에서 사람들을 직접 만나면서 일을 시작했다. 그 이야기를 들은 사람들은 하나같이 "미쳤어, 미쳤어"라고 했다. 사람들은 틀에 박힌 행동과 생각들이 아닌 일들이 일어나면 대체로 이런 반응을 보이는 것 같다.

정말 내가 미친 것일까? 일반적이지 않은 행동들을 하는 경우에 그런 말을 하는데 우리가 주변에 성공하는 사람들을 보면 대체로는 그렇게 미쳤다는 이야기를 듣는 사람들이다. 그러니 내가 미쳤다는 소리를 많이 들을수록 나는 성공 가능성이 높은 사람인 셈이다.

그럼 나는 어느 때 미칠 수 있을까?

돌이켜 생각해보면 인생 전체에서 맨 먼저 미쳤단 소리를 가장 많이 들었던 때가 아마도 첫 연애를 할 때가 아닌가 싶다. 그때는 경험도 없고 그냥 마음이 이끌리는 대로 좋다는 생각 외에는 다른 계산들을 잘 안 하기 때문에 주변에서는 미쳤다고 하는 것이다.

내가 좋은 것, 원하는 것을 얻고 싶어서 앞뒤 계산 없이 달려드는 모습을 본 사람들로부터 미쳤다는 평가가 나오지 않는다면 내가 너무 이기적이거나 열정이 없거나 성공에 대한 간절함도 없는, 그냥 편한 삶을 추구하는 게으른 사람일 수 있다.

지금도 내가 가장 부러워하는 사람들은 미친 짓을 잘하는 사람들이다. 남한테 피해 주는 이기적인, 자기만을 위한 미친 짓 말고 내 삶을 너무나 사랑해서, 내 가족을 너무나 내 주변을 너무나 사랑해서, 내 일을 너무나 사랑해서 누구도 말리지 못할 일들을 해나가는 사람들이다. 이런 사람들을 보면 부러움보다 존경심이 앞선다.

이런 사람들은 인생의 후회도 별로 없을 것이다. 아니 안 할 것이다. 우리는 대체로 남의 눈치 보거나 내가 게으르거나 열정이 없어서 해보고 싶은데 하지 못한 것들에 대한 후회로 인생을 잘못 살았다는 자책을 갖게 되니까 말이다. 나는 내 50대를 그렇게 좌충우돌 다녔지만 이제 지난 삶에 대한 후회와 인생의 회한은 다 없어졌다.

여러분은 지금 어떤 상태인가요?

삶이 만족스러운가요, 아니면 지치고 힘든 삶을 견디고 계신가요.

지금 만약 힘들다면 한 번 미쳐 보세요.

꿈과 희망은 내가 절망 속에 있을 때, 위기 앞에 있을 때 가장 큰 빛을 발합니다.

그 꿈을 찾아보세요. 그리고 미쳐 보세요.

내가 절망 속에 있기 때문에 미칠 수 있고 미치고 나면 행복해집니다.

두려움이 없어져요.

아니, 두려워도 해냅니다.

죽는 것보다 쉽잖아요.

죽을 생각도 했는데 못할 게 뭐 있어요.

저는 정말 힘들 때 죽고 싶다는 생각을 했었습니다.

근데 죽을 용기가 없더라고요.

죽지 못할 거면 내 멋대로 살아보는 겁니다.

그때서야 비로소 내가 살고 싶은 삶을 사는 게 되는지도 몰라요.

용기를 내세요.

삶 별거 아닙니다.

내 마음먹은 대로 만들어져 가는 게 삶입니다.

정말인지 꼭 확인해 보세요.

안 된다는 생각 말고 제대로 미쳐서……

내가 글로벌 사업을 하는 이유

나는 지난 2년 동안 오로지 여행만을 위한 여행을 하겠다며 돌아다녔다. 2016년 필리핀으로 개척영업을 위해 다녀온 이후로

2017년에는 몽골이며 네덜란드, 벨기에, 룩셈부르크 등 유럽을 여행했다. 여자 세 명이서 비즈니스석을 끊고 일주일간 가이드와 함께 렌트한 차를 타고 다니며 맛있는 음식을 먹고 관광을 하는 여행이었다. 2018년에는 미국에 들렀다가 중남미 10개국을 돌기도 했다. 하지만 내겐 이런 여행이 크게 행복하다는 생각이 안 드는 것이었다.

그래서 '이제는 내가 원하는 여행만 해볼 거야'라고 생각했다. 지난 2년간 자유롭게 다닌 여행이 8년을 넘게 이 나라 저 나라에서 일하면서 다녔던 여행과 비교해 봤을 때 뭐가 달랐을까?

사실 여행도 고생이다. 모든 게 두렵고 새로우니까 신기하고 설레는 것도 있지만, 즐거움의 과정에는 고생도 함께 따라오는 것이다.

일하면서 하는 여행도 똑같이 고생하는 것인데, 이때는 일을 통해서 현지인과 함께하면서 안내를 받으니까 조금 더 안전하고 관광객들은 가지 않는, 그들의 진짜 일상생활을 볼 수 있어 그때그때 즐거움이 따라왔다. 게다가 누군가의 성공과 함께하는 보람도 있다. 그런데 관광여행은 돈을 쓰면서도 이런 현지인들과의 생생한 체험을 느낄 여지가 많지 않기 때문에 사진으로 보고 동영상으로 보던 것을 가서 확인하는 것처럼 여겨진다. 이런 부분에서 일반여행의 재미를 잃은 것 같다.

일과 함께하는 여행, 현지인들의 실제 생활을 보면서 느낀 것들이 내가 생각했던 것들과 달라서 실망하기도 했지만 만약 관광 여행만 했더라면 그런 삶의 진짜 모습은 보지 못했을 것이다. 처음 애터미 사업을 할 때는 여행과 함께 시간적, 경제적 여유를 얻기 위해서였다면, 이제는 또 나와 같은 삶을 꿈꾸는 누군가와 함께 그들의 꿈을 이루는 여행이 목표가 될 것이다.

살아 있는 동안 포기만 하지 않는다면

나는 성공하기까지 이런 생각들로 나를 다스려왔다. 여행을 하고 자유와 성공을 얻기 위해 내가 한 생각과 마음가짐, 체크하고 실행한 것들은 다음과 같다.

먼저 선택이다. 무엇을 선택할 것인가? 나 같은 사람도 성공할 수 있을까? 고무신에서 하이힐까지 내 삶을 승화시키고 싶은가? 별꼴을 참아내면 성공이 보인다.

모든 일은 자세가 전부다. 교양을 갖추는 걸 포기하지 마라. 존경과 감사가 있는 삶이 성공이다. 나의 공은 크고 남의 희생은 당연하다는 생각은 합심을 깨는 가장 큰 적이다. 합심하지 못하면 성공은 멀기만 하다.

나는 '이렇게 살아냈다'는 자부심을 갖기 위해 노력했다. 인생의 터닝 포인트를 지나기 위해서는 결단과 대가 지불이 필요한 법이다. 자신의 미래가치에 집중해 어깨를 펴고 당당해져라.

정보를 받았을 땐 기회인지 확인하라. 나는 해외여행하며 돈을 번다. 이처럼 위기가 최고의 기회이기도 하다.

나는 지금 행복한가? 꿈이 있고 희망이 있다면 행복하다. 성공의 도구는 있는가? 성공의 도구가 있다면 포기하지 마라. 내 성공을 남의 손에 맡겨두지 마라. 처음 가는 길은 누구나 두렵다. 두려움에 맞서지 않으면 성공할 수 없다.

두려움은 어떻게 견뎌내는가? 두려움을 이겨내는 체험이 필요하다. 당당해져라. 당당하지 못한 사람을 따르는 건 기회주의자이거나 바보일 것이다.

겸손하라. 겸손은 최강의 적도 최악의 상황도 돌파할 수 있는 힘이다.

조직 단체 전체를 끌고 가는 힘은 강의력, 교육의 힘이고, 한 사람을 리더로 성공시키는 힘은 관계와 소통과 합심이다. 결국 좋은 관계와 소통은 서로를 성공하게 만든다.

파트너를 선택할 땐 그 사람에 대해 가치판단부터 하라. 그에게 열정, 책임, 야망 인격이 갖춰져 있는지를 먼저 알아야 한다. 그런 게 없다면 내 희생으로 그를 성공시켜야 하고 그런 게 있다면 그가 나를 빛나게 하며 성공하게 할 것이다.

열애하듯 일하라. 매일 만나고 또 만난 듯이 소통하고 교감하고 계획하라. 미친 듯이 일하라. 일에 결과는 미쳤을 때 나온다. 미쳐 있어야 상대도 미친 나를 우습게 보지 못한다.

남의 희생을 통해 내 성공을 꿈꾸지 마라. 내 희생을 통해 남의 성공을 계획하라.

지식에 의존하지 마라. 지식보다 가슴으로 말하라.

성공을 꿈꾸는가? 그렇다면 이미 당신은 특별하다.

나는 아직도 여전히 부족하고 여러 면에서 모자란 사람이지만 그래도 나를 보는 많은 사람들이 나의 삶을 부러워하고 있기에 "누구든 나처럼 할 수 있다"고 말하려고 책을 쓸 용기를 내보았다. 그리고 마지막으로 이 말만은 꼭 덧붙이고 싶다.

"아무리 힘들어도 어떤 경우에도 포기하지 마라. 살아 있음이 희망이고 포기하지 않는 한 길은 열린다."

힘들 땐 죽는 게 길이라는 생각을 할 때가 나도 있었다. 그러나 그건 정말 어리석은 생각이다. 죽을 힘을 다해 살면 못 살 일이 없다고 하지만, 난 그렇게 힘들게 살라고 말하고 싶지는 않다.

친정 남동생이 예전에 직장을 다니다 그만두고 사업을 시작하면서부터 손대는 것마다 망하기만 했었다. 친정 엄마가 평생을 온갖 고생하면서 모아둔 집도 땅도 전부 다 경매로 넘어가게 되었다. 가정도 풍비박산이 나고, 집에도 들어올 수조차 없는 동생의 마음을 난 살피지 못했다. 그리고 동생을 볼 때마다 나는 잔소리를 해대기 시작했다. 제발 정신 좀 차리라고 헛된 꿈 그만 꾸고 노가다라도 하라고. 그때 동생이 말했다. 노가다를 하면서 몸이 망가지기 시작하면 정신도 망가지기 시작할 거라고. 그러면 잘 살아야겠다는 꿈과 희망을 갖지 않게 되고, 더 이상 꿈꾸지 않게 되면 어떤 기회가 와도 아무 일도 하지 못할 것이라고.

동생은 자신의 현실을 받아들일 수 없었던 것 같다. 우리도 빚과 가정을 책임지라고 닦달할 수 없었다. 이미 아무것도 할 수 없는 사람에게 자꾸만 책임을 지라고 하는 것은 죽음으로 내모는 것 같았기 때문이다. 그렇게 몇 년을 방황하는 듯 돌아다니더니 기회라고 생각한 애터미 일을 만나 죽기 살기로 몰입했고 결국 성공을 했다. 동생은 지금 연봉 4억 원 이상의 애터미 크라운리더스 클럽에 올라 있고, 최고 직급인 임페리얼 마스터가 되었다.

그 성공과 함께하는 가족들의 삶도 함께 바뀌었다. 동생의 성공을 지켜보면서 나중이지만 나도 애터미 사업을 하게 되면서 나도 내 가족의 삶도 바뀌었다.

정말 힘들 땐 요양한다 생각하고 모든 책임을 벗어놓고 어디 산속에 들어가 쉬어 보기라도 하자. 죽을 만큼 힘들 땐 주변에 요청하라. 경제적 도움을 요청하라는 것이 아니고, 그냥 새로운 기운을 차릴 때까지, 그저 혼자 아무 책임 없이 새로운 마음 새로운 생각 새로운 의욕이 생길 때까지 도와 달라고 말이다.

성공한 사람의 대부분은 그렇게 죽을 만큼 힘든 고비를 견디고도 희망을 포기하지 않은 사람들이다. 세상의 모든 일은 마음먹기에 달려 있다. 그래서 마음의 훈련이 필요한 것이다. 스스로 "나는 강하다"고 외치는 것이다. 어떤 일이든 자신 있게 나서는 것이다. 그렇게 하나둘 용기를 내고 자신을 갖다 보면 정말 스스로 강한 사람이 되어 있을 것이다. 마음이 약할 때는 꿈에서조차 무섭고 힘들다. 마음이 강해지면 꿈속에서도 두려움 없이 헤쳐나가게 된다.

그레이하운드 버스를 타고 가는 길에 나의 여행 가방을 찾았을 때 내가 절실하게 깨달은 것이 바로 이것이었다. 살아 있기만 하다면 안 될 일이 없다. 내가 진정 원하는 것이라면 다 이루어지게 되어 있다. 다만 내가 실행하지 않고 있다는 것은 그만큼 급박하지 않고 절박하지 않고 간절하지 않은 것이다.

너무 기본적인 영어도 모르니까 지금도 해외에 나갈 때에는 약간의 불안함이 있다. 그런데 지금은 그걸 즐기게 되었다. 이번에는 무슨 일이 생길까, 이번에는 어떻게 해결을 할까, 나 자신에게 기대감이 든다. 전에는 그게 무서워서 움직이지 못하고 생각하지 못했던 걸 지금은 그걸 즐기러 해외로 나간다.

해외에서 한글 간판 걸린 데만 있으면 들어가서 설명한다는 게 솔직히 쉬운 일은 아니다. 일이 어려운 게 아니라 마음이 어려운 것이다. 미국에서는 내가 안 하면 안 되는 상황이었지만 지금은 안 하면 안 되는 상황은 아니다. 안 해도 되는 상황에서 그걸

하러 간다는 마음이 어려운 것이다. '내가 이렇게까지 해야 돼? 왜 그래야 하는데?'라는 마음을 이겨내고 가는 것이기 때문이다.

그렇지만 봉사활동도 자기계발도 취미생활도 별로 안 하는 내가 멍하니 TV만 쳐다보고 있는 것은 못 하겠다. '살아 있지 않다'는 느낌 때문이다. 일을 만들어간다는 것이 나에게는 두려움이자 즐거움이다. 나는 사람들이 이것들을 함께 느꼈으면 좋겠다. 그렇게 못 하는 이유는 두려움 속으로 스스로 걸어가 본 적이 없기 때문이다. 이걸 어떻게 해야 할지 당황스러워 그 상황 속에 놓이고 싶지 않은 마음일 것이다. 그런데 한번 그 상황에 놓여 해결해보면 다음은 쉬워진다.

여행을 할 때도 50대는 두려움이 조금 없어지는 나이이다. 여자들이 가장 크게 두려움을 느끼는 성폭력에서도 많이 자유로워진다. 그렇게 안전함을 조금씩 느끼기 시작하면 두려움 속으로 갈 수 있는 마음이 생긴다. 요즘에는 웬만하면 생존영어는 조금씩 할 수 있다. 인터넷도 워낙 잘 되어 있다. 공항에서 포켓 와이파이를 준비해서 나가면 데이터 걱정할 일도 없다.

젊은 청춘들도 두려움 속으로 들어가 살아 있는 즐거움을 느껴보면 좋겠다. 이걸 나이 먹어서 하면 나를 위해서 만족함은 있겠지만, 생산적이고 발전적인 방향으로 가지 못한다. 이런 것들을 해야 할 가장 최적의 나이는 20, 30대라고 생각한다. 나는 아들이 공부를 많이 하기보다 이런 속으로 많이 들어가보기를 원한다.

책을 쓰면서 아들에게 들려주고 싶은 이야기라고 생각하며 썼다. 물론 아들은 엄마의 삶을 너무나 잘 알고 있긴 하다. 나에겐 가장 큰 응원군이고, 엄마가 가방끈은 짧아도 자기 삶을 개척해온 것도 알고 있다. 그런데 나조차 살면서 힘들면 앞으로 나아가기 위해 다짐했던 것들을 까마득하게 잊어버리고 힘든 속에서 헤어나지 못하는 경우가 많다. 만약 그럴 때가 있다면 엄마가 쓴 책을 보며 못 배운 사람이 책까지 쓸 만큼 열심히 살았다는 걸 기억해 내고 목표를 잊지 않고 힘내주면 좋겠다는 생각이 들었다.

필리핀, 말레이시아에서 같이 일했던 미국 파트너가 내가 글쓰기를 좋아하는 걸 알고 내게 말하길 "제가 돈 벌면 본부장님 책을 내드릴게요. 나중에는 돈 버는 일 하지 말고 책 쓰는 일만 하세요"라고 말해주었다. 또 2018년 초에는 또다시 용기를 주었다. "본부장님, 나 이제 이만하면 성공했으니까 미국 저희 집에 놀러

오세요. 오래된 집이긴 하지만 수리를 싹 해서 넓은 집으로 이사했어요. 주위 환경도 너무 좋아요. 서재로 쓰실 방 하나 내드릴 테니까 글을 쓰세요" 하면서 책 쓰기가 시작되었다. 그녀에게 감사하다.

책을 마무리하면서 감사한 사람들이 떠오른다. 가격으로도 가치로도 따질 수 없는 인간명품들이 애터미 안에 많이 계신다.

창업주이신 몽상 박한길 회장님은 꿈을 현실로 만드는 누구도 흉내 낼 수 없는 명품이시다. 창조적 가치창출로 서민을 부자로 이끄는 21세기의 뛰어난 명품이다. 세상을 앞서 나가는 선구자라 해도 부족함이 없다.

애터미경제연구소 이성연 박사님은 보통사람인 우리가 본능에 충실한 인간을 넘어 부끄럽지 않은, 공헌하는 삶의 가치를 실현하도록 도와주시는 분이다. 쉽고 명쾌한 인문학 강의로 인성개발을 하도록 이끌어 가치창출을 해내는 분이다.

또 해외 일을 하면서 사업자들이 방향을 잃을 때마다 냉철한 이성으로 판단하고 따뜻한 조언으로 바로 세워주던 해외 총괄 부사장을 맡으셨던 현재 김대현 대표이사님, 초창기 해외 사업자들

모두의 스폰서였다. 특히 해외 일을 주로 하는 내게는 사업자 미팅까지 해주시던 너무나 감사한 분이다. 나이만 먹었지 아무것도 모르는 철없는 나에게 따끔한 소리도 많이 해주고 조언도 많이 해주고 응원도 많이 해주고 칭찬도 많이 해주신 분이다.

젊은 지성인 해외 담당 이현우 이사님도 빼놓을 수 없다. 어디서 만나든지 익살스러운 웃음과 칭찬으로 자신감을 심어주고 따뜻한 가슴과 명쾌한 분석력까지 보여주셨던 분이다. 쿠알라룸푸르에선 일부러 시간을 내서 해외에서 일하는 사업자들을 찾아와 밥 사주고 응원하던 그 고마운 마음을 잊을 수 없다.

애터미를 소개하는 책은 아니기에 임직원 한 분 한 분 다 언급할 수는 없지만, 내가 여기까지 오는 동안 빼놓을 수 없는 분들, 내 힘들었던 시간들을 버티게 해준 원동력이 돼주신 파트너들과 제심합력으로 함께해주신 모든 분들에게 감사의 인사를 전하고 싶다.

**최상의 멘탈과
몸 상태를
유지하는 법**

라이프 밸런서

김진우 지음 | 14,000원

**셀럽들의 건강과 생활 습관을 책임지고 있는 국내 1호
life balancer 김진우가 알려주는,
건강하고 균형 잡힌 삶을 위해 당신이 할 일들**

과거에는 PT가 나에게 맞는 운동을 설계해주는 '맞춤형 운동 전문가'
의 개념이었다. 그러나 단순히 하나의 솔루션으로 건강을 담보할 수
있는 지금은 '균형 잡힌 삶을 설계해주는 인생 파트너'의 개념으로 바
뀌고 있다. 더 좋고, 있어보이는 라이프스타일은 찾아 헤매면서 정작
자신의 삶을 좌우하는 몸과 마음의 라이프밸런스는 왜 신경 쓰지 않는
가? 저자 개인의 경험과 셀러브리티들의 삶의 밸런스를 관리해준 사례
를 통해 평범한 사람도 일–건강–생활의 균형을 찾을 수 있도록 구체
적인 방법을 제시하는 이 책을 통해 독자들도 더욱 행복한 삶을 살 수
있을 것이다.

**일하는 여자
일하는 엄마를 위한
라이프 플랜**

워라밸 플랜

석혜림 지음 | 14,000원

**일과 가정 사이에 끼여 전쟁 같은 하루를 사는 워킹맘들에게
14년 차 쇼핑호스트가 알려주는 신개념 라이프 스타일!**

여성들은 결혼과 출산을 기점으로 아이 때문에 일을 그만둬야 할지 말
아야 할지 고민에 빠지게 된다. 일과 가정의 균형을 맞추는 것은 여전
히 많은 여성에게 힘든 문제이다. 여성이 일과 삶에서 마주하게 되는
수많은 난관으로부터 자유로워지고, 마음껏 능력을 발휘할 수 있는 방
법은 뭘까? 세 아이의 엄마이자 14년 차 직장인인 저자는 NS 쇼핑호
스트로 1인 기업처럼 움직이는 워킹맘이다. 저자 자신이 일하는 엄마
로 일을 하며 세 아이를 키웠던 육아 노하우와 워킹맘들에게 보내는 위
로와 공감, 일과 생활의 밸런스를 유지하는 솔루션을 이 책에서 제시
하고 있다. 이 책을 통해 독자들도 행복하게 사는 법을 찾을 수 있을
것이다.

나는 5년 후에 퇴사하고 싶다
지민 지음 | 14,000원

**빛나는 인생 2막을 위해
지금부터 5년 후 퇴직을 준비하라!**

"퇴직 후 어떻게 살아야 하는가?" 100세 시대 은퇴 이후의 삶을 고민하는 사람들이 많다. 이 책은 100세 시대 퇴사를 준비하고 있거나 진행 중인 사람, 은퇴 이후의 인생을 사는 사람들을 위해 저자는 주간, 월간, 분기, 연 단위로 시간을 전략적으로 경영하여 내 인생의 주인이 되는 방법, 퇴사 준비는 회사에 다니면서 시작하는 퇴직 준비의 원리, 퇴직 후 생활을 대비한 습관을 만들기 등을 알려준다. 지금의 회사를 당장 때려치울 것인지, 참고 다닐 것인지 매일 고민에 휩싸여본 사람이라면 현실적인 퇴직 준비에 관한 조언을 얻을 수 있을 것이다.

서드 피리어드
장영환 지음 | 13,800원

**100세 시대, 60세 이후 세 번째 인생을 준비하라
3040이 반드시 갖추어야 할 34가지 생존 기술!**

100세 시대 우리나라 국민 중 퇴직 후 생활이 준비된 사람은 불과 2.2퍼센트에 불과하다. 준비가 안 된 사람들에게 100세 시대는 축복이 아닌 공포로 느껴지고 있다. 은퇴 이후에 어떤 준비를 해야 할지 걱정되는 직장인을 위해 저자는 인생의 생애주기를 4단계로 나누어, 각 단계의 연령대에 따라 어떤 기준으로 준비해야 하는지 상세하고 구체적으로 설명하고 있다. 퇴직 이후를 걱정하는 이들에게 이 책은 생존을 위한 경제적인 능력과 함께 가치 있는 삶을 어떻게 준비해야 하는지 길을 제시해줄 것이다.